카나리아의 날갯짓

새장을 박차고 날아오를 청춘들에게

카나리아의 날갯짓
Wings of the Canary

날개를 펼친 이들 ㅣ 조영서 이지호 유다인

우리는 모두 새장 속 카나리아다

1부 영서의 이야기
치유를 향한 날갯짓

프롤로그 : 덮어두었던 진심 … 12

우리가 잃어버린 빛나던 조각들 … 19

너 정도면 당연히 의대 가야지 … 22

자신감과 자만심은 한 끝 차이 … 28

나는 나 자체로 사랑받을 수는 없는거야? … 33

저승사자 … 38

누가 공부를 하고 싶어서 하니? 해야되니까 하는 거지 … 42

자소설의 최후 … 47

가라앉은 배를 다시 띄우기 … 52

집 안까지 스며든 수능한파 … 57

목표와의 작별인사 … 61

결국, 준비된 사람에게 온 '지금' … 67

잃어버린 나를 찾아서 … 72

새벽 킥보드가 깨운 내 영혼 … 77

잃어버린 영혼과의 재회 … 84

에필로그 : 지나온 과거와 화해 … 89

2부 지호의 이야기
자립을 향한 날갯짓

프롤로그: 나만의 속도로 …96

내 느린 속도가 만들어진 곳 …99

반짝이는 별과 어두운 동굴 …103

좋은 대학 못가면 인생 망하는 거야!? …109

오늘은 공부 열심히 했니? …114

내가 뭔가를 해낼 수 있는 사람이 맞긴 한걸까? …117

대치동에서 깨달은 것 …122

재수의 목표는 좋은 대학이 아니었다 …128

재수생이라 행복해 …131

나 지금 잘하고 있는거야? …137

인정할 건 인정하자 …140

시험? 그게 별거야? …147

에필로그 : 꿈은 꼭 직업이어야만 하나요? …152

3부 다인의 이야기
비상을 향한 날갯짓

프롤로그 : 조금은 독특한 새장 … 162

공부? 그게 뭐야? … 165

선생님, 저도 잘할 수 있어요! … 169

쟤 왜 저렇게까지 공부해? … 174

저 넘어져요! … 179

모두가 경쟁자 … 183

영서와 지호 … 186

수능포기 … 190

재수 … 193

내 인생은 실패작인 건가 … 196

호랑애벌레 … 199

왜 의대에 오셨나요? … 202

서로 다른 길을 걷는 우리 … 207

스물다섯에 보이는 풍경들 … 210

행복의 재정립 … 214

돌이켜보는 나의 여정 … 218

불확실한 미래에 대처하는 자세 … 221

내 아이에게 무엇을 물려줄 것인가? … 225

에필로그: 다시 날갯짓 … 232

부록 ··· 236
영서가 전하는 마지막 편지
아직은 스스로가 어려운 너에게

길을 잃고 나서야 비로소
자기 자신을 발견하기 시작한다.
_ 헨리 데이비드 소로 (Henry David Thoreau)

1부. 영서의 이야기
치유를 향한 날갯짓

프롤로그
: 덮어두었던 진심

　엄마와 밥을 먹던 어느 날, 평소처럼 시시콜콜한 일상 얘기가 오가다가 엄마가 갑자기 공부 이야기를 꺼냈다. 몇 주 전 친구 엄마들과 만났는데, 내 옛날얘기가 나왔나 보다.

　내 어릴 적 친구가,
　"영서는 초등학교 5학년 때 시험에서 고작 한 문제 틀렸는데 엄청 걱정이 많아 보여서, 뭐 이런 애도 있나 싶었어."라고 자기 엄마한테 말했던 모양이다.

　그 시절을 떠올리며 엄마가 조심스레 내게 말을 꺼냈다.
　"애들 어릴 때, 그거 조금 틀린 게 뭐라고…그렇게까지 공부하라고 몰아붙였던 게 후회…"

엄마의 눈시울이 금세 빨개졌고 목이 멘 듯했다. 그 뒤에 이어지는 말을 들을 순 없었지만 대충 예상은 할 수 있었다.

사실 '후회'라는 표현은 엄마 입에서 처음 듣는 말이었다. 대학에 들어간 이후에도 비슷한 이야기를 꺼내면 "다 지난 일이잖아. 너 결국 의대 가고 잘됐잖아"라고 회피하곤 했던 엄마였는데…

근데 그날 엄마의 그 후회한다는 말을 듣자마자 내 볼에 눈물이 떨어지는 걸 느낄 수 있었다. 정확히 '후회'라는 단어에 그냥 바로 눈물이 흘렀다. 마치 '후회'라는 단어에 눈물을 흘리기로 세팅이라도 해두었나 싶을 정도의 반응 속도였다. 어쩌면 엄마한테서 한 번쯤은 정말 듣고 싶었던 말이어서 그랬나 싶다. 과거엔 남몰래 눈치만 보고 혼자서 힘들어했던 순간이 너무 많았으니까.

나는 애써 흐르는 눈물을 빳빳한 휴지로 빠르게 닦아내고 차분하게 대답을 이어 나갔다.
"엄마도 그런 생각을 했구나… 엄마는 아닌 줄 알았는데…"

예전의 나라면 절대 이렇게 대답하진 않았을 거다. 아니 못했을 거다. 하지만 이번에는 말하면서 느낄 수 있었다. 내 가슴 속 어딘가에서 강렬하게 꾹꾹 눌러왔던 감정을 표현하고 싶어 하는 것을 말이다. 그리고 그 감정의 이름은 오래전부터 쌓인 '원망'이었다. 이번 기회에 나의 어렸을 적 상처를 덮고 있던 것들을 벗겨내 보여주며 괜히 때늦은 투정이라도 부려보고 싶었던 거다.

"나한테 왜 그렇게까지 모질게 했던 거야. 나 그때 혼자서 정말 힘들었어…"

순간 잠깐의 침묵, 눈물의 시간이 흐르더니 엄마는 다시금 조심스레 물었다.

"너 고등학교 때 심장 아팠던 거, 그건 지금 괜찮아?"
"응, 지금은 괜찮아."

사실 과거를 떠올릴 때마다 엄마에 대한 원망이 자꾸만 느껴져서 혼란스러웠다. 내가 지금의 엄마를 너무나도 사랑하는 것과 별개로, 원망이라는 감정이 드는 것은 분명 모순된 것이었다. '사랑하는 엄마'에 대한 원망이라…

'한 사람 안에 사랑과 원망이 공존할 수 있는 건가'. 그래서 과거의 기억을 굳이 들춰내고 싶지 않았던 것도 분명히 있었다. 과거의 감정은 깨끗이 잊고 지금의 내가 느끼는 좋은 감정들만 생각하면 문제가 될 게 없었기 때문이다. 그러면 나와 엄마 사이에는 사랑이라는 따뜻한 감정만 남을 수 있었으니까.

 그럼에도 정말 가끔 지난날의 엄마를 떠올렸을 때, 내가 당시에 느꼈던 부담감과 압박감이 같이 떠오르면서 또다시 원망이라는 감정에 사로잡히게 되는 건 어쩔 수 없었다. 그런데 지금의 엄마가 과거의 행동을 후회한다는 말 한마디에 나는 생각이 많아졌다. 생각해 보면 엄마도 그러려고 그런 게 아니었을 텐데. 엄마도 잘해보려고 그랬을 텐데. 그 방식이 조금 서툴렀던 걸까. 엄마도 처음이었으니까…

 그렇게 엄마에 대해 곱씹어보며 나도 모르게 마음속 깊게 자리 잡았었던 과거의 엄마에 대한 원망이 많이 해소되었다. 집에 들어오는 길에 뭔가 기분 좋은 홀가분함을 느꼈던 거 보면 생각보다 더 마음이 가벼워졌나 보다.

 그날 이후로 혼자 곰곰이 생각해 보니 지난날의 엄마 자신을 후회하며 괜한 죄책감에 혼자 마음 썼을 엄마가 떠올라 마냥 마음이 편하지만은 않았다. 내가 흘린 눈물엔 단지 내 감정의 해소만 있었던 게 아니었나 보다. 내 학창 시절의 악역을 자처한 엄마에 대한 안쓰러움도 동시에 있었던 거다. 하지만 그 이상 자세히 파고들진 않기로 했다. 이건 내 감정의 영역이 아니기에. 엄마가 느낀 감정들을 돌아보고 보듬어 줘야 할 주체는 엄마 자신이라고 생각했다.

그러고 보니 결국 과거의 나뿐만 아니라 엄마도 상처를 받은 존재였을지도 모르겠다. 나 혼자만 상처를 받았다고 생각했는데 그게 아니었던 거다. 그렇다면 과연 엄마에게 상처를 준 건 누구였을까. 딸의 성공을 누구보다 간절히 빌었던 엄마 자신이었을까. 아니면 **평범한 딸이 성공할 수 있는 유일한 길이 의대뿐이라고 생각하게 만든 이 사회였을까.** 나는 엄마의 진심 어린 말에 어느 정도 치유되는 부분이 있었는데, 엄마는 누굴 통해 치유받을 수 있을까. 우리를 그토록 불안하게 만든 건 도대체 누구였을까.

그 답을 찾아가는 과정이 바로 이 책이다. 이 책은 '성적 올리는 법'이나 '부모가 자녀를 어떻게 공부시켜야 하는지' 등과 같은 결과론적 공부 이야기가 전혀 아니다. 수험 생활을 겪으며 그 과정에서 우리 내면에서 일어나는 여러 상처와 회복의 과정, 그 안에서의 자기 발견에 관한 솔직담백한 우리들의 성장 이야기다.

  이 책을 함께 쓴 나, 지호, 다인 우리 셋은 비슷한 목표를 이루었지만, 그 목표를 향해 떠난 항해의 방식도 가는 길도 각자 다 달랐다. 나는 엄마와 세상의 요구대로 완벽함을 추구하다 결국 쓰러지고 일어서길 반복하며 꾸역꾸역 걸어 나갔고, 지호는 남들보다 조금 느린 페이스로 자신만의 길을 끝까지 걸어 나갔다. 주변의 조급함에 휩쓸리지 않고, 자기 속도를 지켜낸 지호의 여정은 "정말 빠르게 가는 것만이 정답인가?"라는 묵직한 질문을 우리에게 던진다.
  다인이는 누구보다 치열하게 달려 나가며 의대에 입학했지만, 목표 성취 이후에 찾아온 새로운 혼란에 직면한다. 그토록 바라던 목표였는데 왜 그것을 이룬 후에도 마음이 충족되지 않았던 걸까.

  어쩌면 당신도 우리 이야기들 속에서 자신을 발견할지 모른다. 엄마와 나 자신을 더 이해하게 된 나처럼, 자신만의 페이스를 끝까지 지켜낸 지호처럼, 혹은 진정한 성공의 의미를 뒤늦게 다시 정의하는 다인이처럼.

이제부터 펼쳐질 우리들의 이야기가 수험생 혹은 수험생의 부모로 살아가고 있는 당신의 마음속 상처를 살며시 두드리며, 상처가 조금씩 치유로 향하는 길이 될 수 있다는 걸 보여주길 진심으로 소망한다. 그리고 그런 작은 발걸음이, 언젠가 당신의 마음을 다시 일으켜 세우는 '날갯짓'이 되길 바라 마지않는다.

우리가 잃어버린
빛나던 조각들

 엄마와 나눈 대화 이후, 그날 밤 오래된 앨범을 꺼내 들었다. 첫 장을 넘기자 까르르 웃고 있는 꼬마 영서가 나를 반겼다.

"엄마, 이거 봐봐!"
 연예인이 되겠다며 눈물 연기를 선보이던 아이. 어른들 앞에서 떨지 않고 노래하고 춤추던 꼬마. 그 모습이 담긴 사진을 보며 문득 생각했다. 이 꼬마와 지금의 나 사이에 어떤 여정이 있었던 걸까?

 피아노, 기타, 영어 연극, 스피치, 독서 논술, 수영… 새로운 것을 배우는 건 그저 신나는 모험이었다. 모든 경험이 놀이처럼 즐거웠던 그 시절. 지금의 나로선 도저히 상상할 수 없을 만큼 빛나고 자유로웠던 나의 모습. '후회'라는 단어가 엄마 입에서 나왔을 때, 내 마음속 깊은 곳이 흔들렸던 또 다른 이유가 어쩌면 그 반짝이던 시절에 대한 그리움도 섞여 있었는지도 모르겠다.

그 시절엔 '기회'라는 것이 '잘해야 한다'는 압박과 연결되어 있지 않았다. '잘한다'는 걸 점수나 등수로 증명할 필요도 없었다. 나 스스로에 대한 기준도, 타인이 정해놓은 기준도 모두 관대했고, 조금만 노력해도 칭찬받았으며, 그 칭찬이 좋아 더욱 열심히 했다. 그렇게 맑고 순수한 아이로 자랐던 내 모습을, 앨범 속 사진들이 생생히 보여주었다.

앨범을 넘기다 초등학교 스피치 대회 사진이 눈에 들어왔다. 상장을 들고 환하게 웃고 있는 내 모습이 보였다. '말하고 글 쓰는 것을 특히 좋아했구나.' 누군가 "꿈이 뭐냐"고 물으면 늘 아나운서나 작가라고 답했던 기억이 스쳤다. 그 나이에 직업의 의미를 제대로 알 리 없었지만, 말과 글로 나를 표현하는 기쁨만큼은 온몸으로 느꼈었다. 발표 전에는 늘 떨렸지만, 모든 말을 마치고 받는 박수 소리에 가슴이 벅차올랐다. 단순한 재미를 넘어, 내 안에는 작은 불꽃이 있었음을 새삼 깨닫게 된다.

또 다른 페이지엔 친구들과의 추억이 담겨 있었다. 놀이터에서도 옆집에서도 함께한다는 사실만으로 너무 즐거웠던 시절. 지금도 가장 소중히 간직하는 보물 중의 하나가 바로 초등학교 시절 친구들과 주고받은 편지들이다. 학교나 학원도, 친구들과 함께했기에 즐거울 수 있었다. 그 모든 걸 만약 혼자 했다면 아마 하나도 끝까지 제대로 해내지 못했을 거다.

앨범을 덮으며 길게 숨을 내쉬었다. 하고 싶은 걸 마음껏 배우고, 친구들과 뛰놀며 과정 자체를 온전히 즐겼던 그 따스한 어린 날들. 그런 내 모습을 떠올리면, 의학이나 의사에 대한 꿈의 흔적은 어디에도 없다. 어릴 적 장래 희망 속에도 의사의 모습은 보이지 않았는데―요즘은 초등학교 때부터 의대 준비를 한다는, 그 말을 들으면서 문득 나 자신의 여정이 궁금해졌다.

앨범을 서랍에 넣으며 나는 내 지난 시간을 하나씩 되짚어 보기로 마음 먹었다. 어릴 적 좋아했던 것들부터, 중·고등학교에서의 변화, 그리고 지금의 내가 되기까지의 모든 과정을 말이다. 어쩌면 그 과정에서 내가 진심으로 원하는 삶이 무엇인지 다시 발견할 수 있지 않을까?

너 정도면 당연히
의대 가야지

  나는 분명, 남들과 같은 출발선에서 모든 걸 시작했다. 공부도 마찬가지였다. 특별히 남들보다 앞서거나 뒤서거나 하지 않은 채, 아주 평범한 속도로 공부를 시작했다. 그런데 중학교가 가까워질수록 나도 모르게 남들과는 살짝 다른 속도를 내고 있었는지도 모르겠다.

  내가 여기서 '모르겠다'고 표현한 이유는 그때의 '나'라는 아이에게 학업이라는 것에 대해 정확히 내 위치를 파악할 능력도, 그럴 관심도 별로 없었기 때문이다. 하지만 부모님이나 나를 가르치던 선생님들은, 내가 좀 '다르게' 보이셨나 보다.

동네 수학학원에서 레벨테스트를 치르고 반을 정할 때, 나는 주로 또래보다 높은 반에 배정됐다. 그 안에서도 좋은 점수를 받곤 하다 보니, 선생님들은 결국 언니·오빠들이 있는 반으로 나를 보내버렸다.

 그렇게 시작된 미묘한 변화들은 감당해야 할 것들을 새로 늘려갔다. 같은 반에 동갑내기 친구들이 많지 않다 보니 외로워졌고, 언니·오빠들의 눈치도 보게 됐다. 어린 나이였지만, 학년이 올라갈수록 나를 경쟁자로 보는 시선이 늘어나는 것도 느껴졌다. 누군가의 관심 대상이자 동시에 견제의 대상이 된다는 것은, 나에게 무척 낯선 일이었다. 무엇보다 내 성격상 그런 느낌을 받는 게 결코 반갑지는 않았다.

 나에게 배움이란 늘 즐거움 같은 것이었는데, 그 즐거움 역시 생각보다 빠르게 그 의미를 잃어 갔다. 중학생이 되어서는 각종 예체능 학원을 하나둘 그만두게 되었고, 그 빈자리는 주요 과목이라 불리는 수업들로 꽉꽉 채워졌다.

 물론 아직 잔재하던 '배움의 즐거움' 덕분에 어떤 과목이든 처음 배우면 흥미로웠고, 그 흥미가 가속도로 작용해 좋은 결과로 이어지곤 했다. 하지만 그렇게 공부를 잘하기 시작하니, 어느새 사람들은 내가 그 과정을 이제 점수로 증명해 내길 기대했다.

예전에 느꼈던 '배움의 즐거움'보다는 이제 '점수라는 결과'로만 평가받는 아이가 되어가는 느낌. 게다가 주변 사람들은 단순한 평가가 아니라, '기대'라는 것을 시작했다. 성적이 좋으면 좋을수록 매번 더 큰 기대를 불러오는—정말이지 놀라운 상황들이 나를 둘러싸고 벌어졌다.

"이번에 이 정도 했으니까, 다음에는 더 잘할 수 있지?"

그 말은 기대라기보다는 거의 압박 같았다. 한번 잘 본 점수는 다음 시험에서 넘어야 할 최소한의 기준이 되어버렸고, 이는 나에게 아주 불리한 공식이었다. 말하자면, **땅에 단단히 고정된 사다리를 하나씩 밟아 올라가는 게 아니라, 사다리 계단을 오르자마자 내가 밟고 있던 계단이 사라져 버리는 식이었다.** 높은 계단에 오를수록, '떨어지면 어쩌지?' 하는 불안이 커졌다.

나는 그 기대에 부응하려고 부단히 노력했고, 점점 더 점수와 등수로 인정받을 때 큰 성취감을 맛보는 아이가 되어가고 있었다. **심지어는 '나 스스로 만족한다'기보다 남이 칭찬해 줄 때 훨씬 더 뿌듯해지기도 했으니까.**

그래서 남들에게 더 많은 인정을 받고 싶어졌고, 인정받지 못하면 큰 좌절감에 빠졌다. 그렇게 나는 좋지 않은 방향으로 조금씩 길들어 갔다.

결국 내 '인정 욕구'가 절정에 달했던 건, 중학교 때 어른들이 세워준 '의대 진학'이라는 목표였다. 그들은 "의사가 되면 주변 사람은 물론, 사회 전체가—지금보다 수백 배, 수천 배나 많은 사람이—너를 인정해 줄 거야"라고 말하곤 했다.

그런 그들의 바람이 반영된 결과였겠지만, 실제로 수험생들에게 의대 진학은 입시 피라미드의 최상위층이자 전국 상위 1% 안에 들어야만 통과할 수 있는 아주 비좁은 문이었다. 그래서 의대를 보내려는—아니, 보내야만 한다는—열풍이 학원가에 불기 시작했고, 어느새 수능 만점자가 서울대 의대에 진학하는 것이 지극히 당연한 사회가 되어 있었다.

그렇게 수험생들의 **목표**는 더욱 획일화됐고, 학생들은 그저 그 목표를 향해 뛰는 신세가 되고 말았다. 그리고 콩알만큼의 의심도 없이, 나도 어른들의 말을 따라 그 길을 택했다.

하지만 솔직히 말해, 그때 그 시절 나는 '의대'라는 목표에 대해 별생각이 없었다. 중학생 때까지만 해도 장래 희망 칸에 작가나 아나운서를 적던 아이였으니 말이다. 어느새 나도 모르는 내 목표가, 누군가에 의해 정해져 버린 것이다.

"너 정도면 당연히 의대 가야지."

의대까지 가는 길이 얼마나 좁고 위태로운지, 얼마나 많은 눈물을 참아야 하고, 내신 등급 하나에 얼마나 병적으로 매달려야 하는지, 그땐 전혀 알지 못했다. 그런데도 그들은 너무나 쉽게 그렇게 말했다.

만약 그 현실을 진작 알았다면, 이 모든 고통과 슬픔을 미리 짐작했다면, 과연 나는 같은 선택을 했을까?

"그나저나 도대체, 무엇이 그렇게 그들에겐 당연했을까?"

시간이 흐르고 나서야, 나는 한 가지 짐작에 도달했다. 그들도 사실 나만큼이나 확신은 없었지만, '이렇게 해야 남들보다 더 낫다'는 보장처럼 보이는 길을 쉽게 얘기한 거였다는 것을.

 어쩌면 그들의 불안과 기대가 뒤엉킨 분위기에서, 나의 학창 시절은 이미 방향이 정해지고 있었는지도 모르겠다.

자신감과 자만심은
한 끝 차이

  나를 의대에 보내야겠다는 어른들의 기대와 관심을 한가득 어깨에 짊어진 채 나의 고등학교 시절은 시작되었다. 하지만 시작한 지 얼마 되지도 않아 나는 나에게 일어난 엄청난 사건으로 인해 그들의 기대에 기어이 보답하고야 말았다. 그것은 고등학교 입학 후 첫 중간고사에서 전교 1등을 거머쥔 사건이었다.

  '전교 1등.'
  생각지도 못한 일이었다. 기대가 없던 나와는 달리 주변에서는 정말 난리가 났다.
  "영서야 너 정말 대단하다. 축하해!"
  "역시 우리 딸, 너무 고생했어."

내가 모르는, 나를 처음 본 친구들이 내가 복도를 지나갈 때면 "쟤래, 쟤가 이번에 일등이래."라며 수군거렸다. 그래서인지 모르게 그 타이틀은 꽤 짜릿하고 값진 것처럼 느껴졌다. 덕분에 나의 어깨 위에 자리하던 무거운 짐들의 존재를 잠시 망각한 채, 의도치 않은 자신감으로 무장한 학교 생활을 시작할 수 있게 되었다.

하지만 흔히 짜인 드라마 각본처럼 '자신'이 '자만'으로 한 글자 바뀌는 데까진 그리 오랜 시간이 걸리지 않았다. 자만으로 인해 나태해진 나는 어느새 진흙 구렁텅이에 빠지고 있었다. 이제 막 고등학교 첫 시험을 마친 애가 현역 때 어떤 의대를 골라 갈지 생각할 정도였으니 이미 말을 다 했다. 이러한 태도들은 공부 습관에도 고스란히 배어들어 학교 수업 시간에 조는 날이 점점 더 많아졌고, 학원 숙제도 제대로 안 해갔다.

기말고사 기간은 생각보다 금방 돌아왔는데, 공부를 별로 하지 않은 것에 비해 딱히 불안해하지도 않았다. 공부를 안 했어도 어차피 성적은 잘 나올 거라고 그저 막무가내로 나를 믿고 있었다.

대망의 기말고사를 치르던 그날. 마지막 시험을 마치고 터덜터덜 혼자 집으로 걸어오던 그날 하늘에선 비가 주룩주룩 쏟아져 내리고 있었다. 쏟아져 내리는 비와 함께 스멀스멀 느껴지는 내 불길한 예감은 아마 틀리지 않을 것 같았다. 운명의 장난처럼 비가 내 우산 위로 툭툭 떨어지며 내 머리까지를 사정없이 때려왔다. 무겁게 떨어지는 비와 함께 어두컴컴해지는 오후의 배경은 왜인지 모르게 내 미래를 암시하는 듯했다.

무거운 발걸음이 이끄는 종착지는 내 방 책상 앞이었다. 이제부터 내가 해야 할 일은 빨간 색연필을 꺼내 들고 불과 몇 시간 전에 푼 시험지를 채점하는 것이다. 내 불길했던 예감대로 시험지에도 많은 비가 내리고 있었다.

'에이, 아닐 거야. 다른 과목들은 잘 봤겠지.'

미뤄둔 삼일간의 시험지들도 모두 꺼내 채점해 보았지만 내 알량한 기대는—어쩌면 기도에 가까운—눈 앞에 펼쳐진 현실 앞에서 이내 사라지고 말았다. 충격적인 광경에 도무지 채점을 이어 나갈 용기조차 나지 않아 몇 번이고 답을 비교해보았다. 틀린 문제들의 배점을 더해가며 정확히 점수를 매

겨보지 않아도 결과를 대강 예측할 수 있었다.

'수시로 의대 가려 했는데 내 인생 이제 끝난 건가?'

순간적으로 '의대'라는 목표와는 점점 멀어져 가고 있다는 것 하나만큼은 확실하게 느낄 수 있었다.

'엄마한테는 이 점수를 어떻게 말하지?'

충격을 이겨낼 틈도 없이 학교에서는 내게 정오표를 내밀었다. 정오표를 통해 시험지에서 본 빨간 비의 양이 내 직감과 정확하게 맞아떨어짐을 다시 한번 두 눈으로 확인했다. 지금껏 살아오며 받아 본 적 없는 점수들과 정오표 속 가위 표시들은 날 좌절 속으로 밀어 넣었다.

과목별 선생님들께서는 교실로 들어오셔서 별일 아니라는 듯 칠판에 등급 컷에 해당하는 숫자 몇 개를 적고 나가셨다. 그중에서 내 눈에 들어와야 하는 숫자는 하나, 1등급 컷이었다. 하지만 나의 눈길은 점점 밑으로 내려가고 있었다. 2등급 컷, 3등급 컷, 4등급 컷…

'진짜 망했다.'

모든 과목에 등급을 매기는 작업을 모두 마친 후 난 주체

할 수 없는 불안과 자책에 빠졌다. 밥맛도 없고, 그냥 도무지 살아갈 힘도 이유도 보이지 않았다. 할 수 있는 것은 금방이라도 떨어질 것 같은 눈물을 애써 참아보는 것이었다.

'하.. 죽고 싶다.'
집에 돌아가서도 마찬가지였다. 캄캄한 내 방으로 들어가 불도 켜지 않은 채 이불 속에서 눈을 감았다. 아무것도 생각하고 싶지 않았다. 꼬리표는 부모님께 보여주지도 않고 이미 흔적을 깨끗이 없애버렸다. 방 안에서 기어이 참았던 눈물을 숨죽여 흘려보냈다. 친구들에게 문자를 보내 애써 위로를 구해보기도 했지만, 사실 달라지는 게 없다는 것을 알기에 붙잡고 있던 핸드폰을 내려놓고 마저 울었다.

당시에 대부분의 주요 과목에서 3~4등급을 받았다. 등수도 전교 1등에서 30등가량 떨어져 버렸다. 상대적이긴 하겠지만 정말이지 말 그대로 수직 낙하였다. 부모님이며 선생님이며 친구들이며 누구든 볼 낯이 없었다. 실제로 부모님께서 중간고사와 대비되는 결과에 너무 크게 실망하셔서 서로 며칠간 말도 안 했다. 그렇게 중간고사에서 1등을 하고 느꼈던 모든 감정은 흔적도 없이 사라졌고 오로지 우울만이 내 마음을 지배했다. 그땐 내 인생이 정말 여기서 끝나는 줄 알았다.

나는 나 자체로
사랑받을 수는 없는거야?

 타인의 기대에 대해 오로지 성적으로 증명해 보여야만 했던 내게 찾아온 첫 시련은 강렬했다. 여리고 연약한 내 자아가 감당하기에는 너무나도 버거웠던 현실 앞에, 실제로 이 시기를 기점으로 많은 것들이 변하기 시작했다.

 그래봐야 열일곱의 내가 '무너지는 나'를 제어할 방법을 알 리 만무했고 그렇게 어둠 속에 내려앉기 시작한 자아를 회복해 나가는 방식에 조금씩 왜곡이 생겨났다. 성적과 점수에 대한 집착이 병적으로 심해진 것이다. 어찌해볼 도리가 없었다. 이럴 때 어떻게 이겨내야 하는지를 들어본 적도 누군가 내게 알려준 적도 없었다.

그러면서 목표에 대한 나의 태도나 방식, 내가 본래 가지고 있던 성격도 뭔가 부자연스럽고 억지스러운 방향으로 조금씩 변해갔다. 점점 소심해지고 눈치를 많이 보는 아이가 되어가는 것도 모른 채 그저 내신 성적에 하염없이 집착하는 방식으로 당장의 현실을 극복하려 애를 썼다. 그럴 수밖에 없었다. 내가 할 수 있는 건 아무것도 없었다.

이러한 변화들에 따라 시험을 보고, 채점을 하고, 학교에서 정오표와 등급 컷을 확인하는 모든 과정이 감당하기 어려울 정도로 더더욱 힘들게 다가왔다. 특히나 등급 컷이 나오는 날이면 '내 성적이 1등급일까? 2등급일까? 아깝게 2등급이면 어떡하지?' 노심초사하다가 교실 칠판에 적힌 숫자들에 그날 나의 모든 기분이 결정되곤 했다.

그 숫자 하나에 내 기분이 좋았다 안 좋았다, 정말 미쳐버리는 줄 알았다. 간혹 간소한 점수 차이로 1등급을 놓치기라도 하면 구석에서 엉엉 울었다.

주변에서의 반응도 점점 더 냉담해졌다. 부모님의 기대치도 이제 1등급이 아니면 다 의미가 없었다. 아깝게 2등급이든 그냥 2등급이든 그저 '1등급이 아닌' 등급일 뿐이었다.

"이 성적으로 의대를 어떻게 가려고 그래?"

이런 말들이 내 심장에 비수가 되어 돌아오곤 했다. 신기하게도 "왜 내가 그렇게까지 해서 의대를 가야 돼요."라는 반항을 하지는 않았던 거 보면, 나도 어떤 이유였든 의대를 가고 싶은 열망이 있긴 있었나 보다. 아마 그 이유조차 스스로 동기를 찾아서였다기보다는 누군가가 만든 기준에 의해 그냥 그래야만 했기 때문이었을 테지만. 그래서 그 기준에 부합하지 않는 등급을 받으면 나에게로 탓을 돌려 자괴감에 빠질 수밖에 없었다.

'그렇다면 나는 성적이라는 기준에서 벗어나서 나 자체로 사랑받을 수는 없는 건가?' 라는 의구심으로 가득 찼던 때도 이때였다.

'내가 1등을 하고 1등급을 받아오는 딸이 아니라면 내 존재의 의미가 정말 없는 거야?'

애석하지만 나는 단 한 번도 가족들에게 시험을 잘 보지 못했을 때는, 고생했단 말을 들어보지 못했다. 내가 준비한 모든 과정은 시험을 잘 봤을 때만 '고생'이자 '노력'이었고, 망쳤을 때는 그냥 아무것도 아닌 게 되어버렸다. **철저히 결**

과에 의해 과정은 평가받고 있었다.

 그래서 스스로에 대한 실망만큼이나 부모님으로부터 나의 존재 가치를 있는 그대로 인정받지 못한다는 좌절감이 그 당시 정말 컸다. 시험을 망치고 집에 들어오면 분위기가 정말 싸늘하고 냉랭했다. 나를 사랑하는 가족으로부터 한 번쯤 진심 어린 위로도 받고 싶었지만, 아쉽게도 그런 사람은 없었다.

 부모님은 부모님대로, 오빠는 오빠대로 각자의 사정이 있었을 것이다. 하지만 혼자서 이 모든 걸 견디기가 너무 힘들었다. 홀로 감당해야 하는 짐의 무게가 내겐 너무나도 버거웠다. 그럴 때면 주로 주변 친구들에게 도움을 청하는 수밖에 없었다.
"이렇게 살 바엔 차라리 죽어버리고 싶다." "나 의대 못 갈 것 같다."라며 투정을 많이 부렸다. 특히나 성적 확인 기간이 되면 밥 먹듯이 말했었다.

 어떻게 보면 참 재수 없게 보일 수도 있던 나에게 친구들은 진심 어린 위로의 말을 건네주곤 했다. 이런 친구들조차 곁에 없었다면 난 진짜 어떻게 됐을까. 사실 투정이라고 표현했지만 죽고 싶다는 말은 그 당시 전부 진심이었다. 진지하게 죽을 용기는 없었지만, 어딘가 사라져 버리고 싶은 순간이 정말 많았다.

하지만 역설적으로 그만큼 간절하게 살고 싶기도 했다. 조금이라도 숨통이 트이는 곳에서, **조금이라도 지금의 나를 있는 그대로 알아봐 주는 곳**에서 살고 싶었다.

저승사자

 수없이 많은 종류의 압박감으로 인해 숨통이 꽉 막힌 채 살아가던 나에게 심지어 원인 모를 흉통마저 찾아왔다. 가슴을 짓누르는 듯한 압박감에 제대로 숨을 쉬기조차 어려웠다. 숨을 좀 쉬어보려고 공기를 들이마시면 누가 내 갈비뼈 사이사이마다 칼을 꽂아둔 듯한 느낌이 들었달까. 그 날카로운 통증은 불시에 찾아왔고, 한번 시작되면 30분에서 1시간 동안은 아무것도 할 수가 없었다. 움직임에 약간의 변화라도 생기면 날 점점 거세게 조여왔다. 그럴 때면 무엇보다 숨을 쉬는 것 자체가 너무 힘들어서 누워서 안정을 취하고 잠깐 잠에 들곤 했었다.

2019년 4월 2일 : 악몽

한창 공부하던 어느 날이었다. 무슨 날이었는지 학교를 조금 일찍 마치고 집에 돌아와 학원 가기 전까지 시간이 조금 남아있던 그날은 나른한 햇살이 들어오는 오후였다. 나는 안방 침대에 누워 있었고 침대 옆에 얇은 커튼 사이로 햇살이 들어올 때의 포근한 기분이란 이루 말할 수 없다. 안방 침대에 편안한 자세로 누워 눈을 감았다. 예상대로 금방 잠이 들었다.

스르르 잠든 나는 꿈속에서도 고등학교 3학년이었다. 옆에 엄마, 아빠, 오빠가 모두 다 있었다. 그런데 갑자기 시커먼 옷을 입은 저승사자가 내 앞으로 다가오더니 나를 저승으로 데려가야 한다고 말했다. 이승에선 명을 다 했으니 떠나야 한다고. 이해할 수 없었다.

"진짜 날 데려가겠다고? 나 아직 열아홉인데?"

생각할 틈도 없이 저승사자는 내 팔을 끌고 저승으로 연결되는 다리를 향해 걸어가고 있었다. 난 계속 말했다.

"나 안 갈 거라니까? 내가 왜 가야 되는데?"
급기야는 눈물까지 터뜨리며 "나 아직 고3이란 말야. 내가 왜 벌써 죽어야 하는데. 나 지금까지 한 게 공부밖에 없는데 왜 내가 죽어야 해! 대학 가서 실컷 놀고 연애도 하고 그러다가 가면 안 되는 거야? 왜 하필 지금인데? 왜 공부만 하다 죽어야 하는 건데?"라고 소리를 질렀다.

전혀 통할 리 없었다. 저승사자는 더 거칠게 내 팔을 이끌고 저승으로 향해 갔다. 가족들과도 어쩔 수 없이 작별 인사를 해야 했다. 눈물의 작별 인사였다.

"영서야, 이제 일어나자. 1시간은 잔 거 같아. 잠깐 낮잠 잔다더니 피곤했나 봐. 깊이도 잠들었네."

들려오는 엄마의 목소리와 함께 눈을 떴는데, 실제로 내 눈에 눈물이 흐르고 있었다.

'뭐지? 자각몽인가.'
곰곰이 되짚어 보니 꿈의 내용들이 조금씩 기억나기 시작했다. 눈물로 젖어있던 얼굴을 닦아내며 "아, 맞다. 나 꿈에서 죽었었지. 뭐 이런 꿈이 다 있어."라며 웃어넘겼지만, 정말이지 너무나도 끔찍한 꿈이었다.

갑작스런 흉통이 빈번해짐에 따라 병원에 가서 폐 검사, 혈액 검사, 심전도 검사를 다 해봐도 특별한 문제가 따로 없다고 했다. 큰 병원에 가봐야 하나 걱정도 했었다. 뒤늦게 그 원인이 온전히 스트레스 성이었음을 깨달았다. 어린 아이가 얼마나 스트레스를 많이 받았으면 숨을 쉬기도 힘든 통증을 느꼈을까. 내가 감당해야 했던 여러 종류의 압박들이 비집고 나와 나에게 보낸 이상 신호는 아니었을까.

누가 공부를
하고 싶어서 하니?
해야 하니까 하는 거지

  수시 전형으로 대학을 준비하던 나로서는, 매 학기 내신을 챙겨야 하는 기간이 체력적으로도, 심적으로도 가장 지치는 시간이었다. 내신이란 수레바퀴에 쫓기듯 시간이 흘러가고, 어느새 고등학교 3학년이 되었는데 그때부터는 매일 아침 '수능 디데이'를 세며 하루를 시작하고 마무리해야 했다.

  특히 첫 3월 모의고사를 치르자마자, "3월 모의고사 성적이 수능까지 그대로 간대!" 같은 황당한 말들이 난무하는 시기이기도 했다. '1년간 아무리 열심히 공부해도 3월 내 점수에서 크게 달라질 게 없다니.' 악담처럼 들리던 이 무시무시한 말들은 내 의지를 떨어뜨렸고 앞으로 달려야 할 시간을 약간 허무하게 만들기도 했다. 왜냐하면 내신 성적에 비해 정시 성적은 그다지 좋지 않았기 때문이다.

그래서 더욱이나 나는 내신에 병적인 집착을 하고 있었고 굳건한 자아 없이 이리저리 흔들리던 영혼이다 보니 그런 외부 이야기들에 쉽게 동요되곤 했다. 이와 동시에 세상은 멈추지 않고 나에게 다가와 꽤 그럴듯한 논리를 펼쳐 보이며 공부의 필요성을 알려주기도 했다.

"대학은 너 이름 뒤에 평생 따라다닐 꼬리표야. 지금 참고 공부하면 좋은 대학 가서 좋은 직업으로 돈을 많이 벌고, 더 괜찮은 남자를 만나 결혼하고, 지금보다 더 부유하고 풍족한 삶을 살고, 그러면 결국 현실에 있는 대부분의 고민거리는 해결될 거야."

좋은 대학을 가는 것 그 자체로 모든 게 행복해질 거라는 논리였다. 아직 공부 이외의 것들에 대해 제대로 겪어본 적 없었던 내게 이러한 말들은 그저 진리처럼 느껴졌다. 그 말은 지금껏 살아온 그대로 한없이 평범한 삶을 계속 살아갈 것이냐 아니면 공부로 하여금 더 넓고 멋진 세상에서 출세할 것이냐의 문제처럼 들렸다.

그 시절, 나도 남들처럼 평범하지 않은 삶을 꿈꿨다. 당연히 나에겐 평범 이상의 노력이 필요했다. 남들과 다르게 공부해야 하고, 다른 결과를 보여줘야 했다. 그래서 자연스레 비교 대상은 항상 남이 되었다. **내가 지난날의 나와 비교해 얼마나 성장하고 발전하고 있는지**를 파악할 겨를 따위는 없었다.

오직 성적을 누군가와 계속 비교하고, 끊임없는 평가와 기대에 시달렸다. 작년에 의대를 간 선배의 성적, 내 주위 친구들의 점수, 각종 객관적 지표들 속에서, **나는 '나 자신'이 아니라 그냥 몇 가지 숫자로만 존재했다.**

그렇다. **이 세상은 숫자를 정말 좋아했다.** 문제집을 몇 권 풀었는지, 하루에 공부를 몇 시간 동안 했는지, 시험에서 몇 점을 받고 몇 등을 했는지, 3년간의 내신 등급 평균은 몇 등급인지 소수점까지 따져갔다. 나 또한 그러한 세상이 요구하는 대로 단순히 그 숫자들에 집착하고 있었다.

그렇게 '공부해야 할 이유'나 '필요성'을 내 안에서 찾지 못한 채, 내 실력은 정체되기 시작했다. 고3 들어 숱하게 치른 모의고사에서 성적은 그대로였고, 성적 상승 같은 작은 성취도 좀처럼 오지 않았다. 그러던 중 수시 접수를 하게 되면서,

마음이 붕 떠버렸다. 마음 한구석이 붕 뜬 걸 다시 가라앉혀 집중력을 되찾기까지 꽤 오랜 시간이 걸렸다.

   하루도 빠짐없이 공부하긴 했지만, 책상 앞에 앉아 있다고 해서 공부가 저절로 되는 건 절대 아니었다. 흔히 부모님들은 "침대에 누워 빈둥대지 말고, 일단 책상 앞에 앉아 있어. 그래야 공부가 되지."라고 말씀하시지만, 정작 스스로 '공부할 이유'를 못 찾은 아이에겐 침대나 책상이나 별 차이가 없다. 공부는 가만히 앉아 있기만 한다고 내 안에 스며들지 않으니까.

   나 역시 고3 때는 그 사실을 제대로 깨닫지 못했다. 문제를 풀며 어떤 부분이 부족한지 찾아 개선하고, 실수하는 이유를 고민해서 성적 정체의 원인을 찾기보다는, '책상에 앉아 있는 행위 자체'와 '그 시간을 얼마나 길게 확보했느냐'에만 집중했다. 예를 들어 10시간 앉아 있었다면, 나는 10시간 공부한 거라고 여겼다.

   하지만 현실은 달랐다. 10시간 내내 오롯이 몰입해 공부할 사람이 과연 몇이나 되겠나. 나도 딴생각하거나, 이어폰 속 노래에 빠지기도 했다. **무엇보다 공부를 통한 성장, 배움의**

즐거움, 이러한 생각들로부터 이제는 너무나 먼 곳까지 와버린 느낌이었다. 공부하는 과정에서 나에게는 이제 어떠한 기쁨도 설렘도 성취감도 없었다.

수능이 가까워질수록 공부로 하여금 재미를 느끼는 상황까진 바라지도 않았지만, 공부하고 있다는 느낌조차 잘 들지 않았다. 무겁게 짓누르는 공기로 가득 찬 교실은 환기를 하지 않으면 버틸 수 없을 정도로 답답하기만 했다.

체력도, 의지도 계속 떨어졌다. 이런 상태에 관해 주변에 투정이라도 부릴 때면, 돌아오는 말은 **"누가 공부하고 싶어서 하니? 해야 하니까 하는 거지."** 정도였다. 여기에 '왜?'라고 물으면 **"그럼 안 하고 어떻게 할 건데?"라는 답이 돌아왔고, 비교할 수 없는 거대한 세상의 논리 앞에서 난 그저 약자일 뿐이었다. 하라면 해야 했고, 심지어 무조건 잘해야만 했다.**

이 근본적 문제를 해결하지 못한 채, 내 모의고사 성적은 빛나던 목표와 점점 멀어져 갔다. 그래도 다행이라면, 3년 동안 쌓아온 내신이라는 보호막이 있었던 덕에, 흔들리는 멘탈을 간신히 부여잡고 나아갈 수 있었다.

자소설의 최후

 나는 고등학교 3년간 소위 전교권 학생이었다. 그래서 현역 수능을 치르기 전까지, 주변 사람들은 당연히 "넌 좋은 대학 갈 거야."라고 확신하고 있었다. 사실, 나도 그렇게 생각했다. 내 공부가 제대로 된 방향인지 의심스러웠으면서도, 안개 속을 걸어가듯 '뭐 어떻게든 되겠지'라는 막연한 믿음이 있었달까.

 이런 흐릿한 판단 속에서 작성한 6개 대학 수시 원서는 대부분 '아주 높은 학교들'뿐이었다. 정작 제대로 붙을 가능성을 따져보지도 않고, 원서를 접수한 순간부터 '나 이 대학 학생 되려나?' 하고 기대감이 커졌으니, 지금 생각하면 참 단순했다.

수시 전형을 준비하는 과정에서 우리는 보통 생활기록부와 더불어 '자기소개서'를 제출한다. 이것은 내가 어떤 사람인지, 그동안 무얼 해왔는지를 꽤 공식적으로 드러내는 글이다. 어렸을 때 썼던 편지나, 화가 날 때 메모장에 푸념하듯 적은 글과는 완전히 결이 달랐다.

누군가에게 보여주기 위한 글은 처음이라 막막했다. 그래서 학교 자소서 특강을 듣고, '좀 더 완벽한 방법'을 찾아 사설 업체 코칭까지 받았다. 당시 꽤 인기 있는 곳이었지만, 딱히 와닿지는 않았다. 글을 쓰면 마음에 안 들고, 다시 고치고… 그렇게 수십 번, 정말 백 번쯤은 반복했던 것 같다.

그리하여 완성된 '나에 대한 글'은 총 6장. 그런데 읽어보면, 분명히 질문과 답이 모두 '나'에 관한 내용인데도, 어쩐지 '이건 내가 아니잖아' 싶었다. 그건 자기소개서가 아니라, 말 그대로 '자기소설'이었다. 학교 활동과 진로를 무리하게 연결한 화려한 문장들로 날 포장해 놓았을 뿐이었다.

텔로미어, TALT 동원 현상, 오스테릭스… 대체 이걸 쓰긴 썼는데, 내가 정말 뭘 알고 썼나 싶었다. 심지어 '치의학적 권력이 지역사회와 개인 구강 관리의 감시 체제 하에 작동됐다… 푸코의 규율적 권력…'같은 문장이 들어가 있었으니, 교수님들이 웃으실 게 뻔했다.

  그 시절 나는 왜 대학이 자소서를 요구하는지조차 잘 이해하지 못했다. 사실 이해하려고 해본 적도 없다. '해야 하니까 하는 거지'라고 생각하며, 실제 내 모습과 달라도 '글만 멋지게 쓰면 그게 곧 내가 된다'고 믿었다. 그래서 실제 내가 가진 것보다 훨씬 과장해, '나는 엄청 똑똑한 사람'인 양 포장하려고 했다.

  결국 6개 대학 중 서류 전형을 통과한 곳은 단 한 군데뿐이었다. 자소설이 낳은 너무나도 당연한 귀결이었다. 하지만 그 '한 군데'가, 고등학교 내내 내가 꿈꿔온 바로 그 학교였다.

  긴장되는 마음을 억지로 붙잡고 면접장에 갔다. 서류 전형을 통과한 30명쯤의 학생이 한 교실에 모여 있었는데, 기다리던 면접자들에게 틀어준 애니메이션은 그저 흘러가는 배경일 뿐이었다. 머릿속에선 '면접 질문으로 뭘 물어볼까? 자소서에 쓴 내용 다 기억해야 하니?'란 생각만 맴돌았다. 면접 학원에서 받은 예상 문제, 당시 의료계 트렌드 키워드를 줄

줄이 되뇌며 기다렸는데, 그 시간이 상상 이상으로 고역이었다.

드디어 교수님들이 계신 면접 방으로 들어갔다. 메디컬 쪽 수시 면접은 MMI(다중 미니면접)라는 방식을 많이 쓰는데, 여기선 방이 3개였다. 두 개는 문제 상황 면접, 나머지 하나가 자소서를 바탕으로 한 인성 면접. 문제는 그 자소서 면접 방이었다.

인사를 하고 앉자, 교수님들이 내 자소서를 쭉 훑으시더니, 어떤 책 문구를 언급하며 질문하셨다.

"그러면 학생은 그 말에 대해 어떻게 생각하나요? 필자 의견에 공감하나요, 아니면 다른 시각인가요? 좀 더 구체적으로 듣고 싶은데요."

그 순간 머릿속이 새하얘졌다. 그 책은 내가 진짜 읽고 인상 깊어서 쓴 게 아니라, '이 책에 관해 쓰면 있어 보이겠지!' 싶어 대충 읽고 적은 거였다. 떠오를 게 하나도 없었다. 일단 아무 입장이라도 잡고 말을 이어갔지만, 내 말이 무슨 소린지 나도 모르겠고, 당연히 교수님들 표정도 그리 좋지 않았다. 면접장을 나오는데 숨이 턱 막혔다.

 다른 질문이야 그렇다 쳐도, 자소서 면접 방에서 받은 그 '책' 질문이 머릿속에 맴돌았다. '왜 하필 그걸 적었지? 정말 제대로 읽었어야 했는데…' 이런 후회들이 줄을 이었다.
 마음은 찝찝했지만, 그래도 '혹시 붙을지 몰라'라는 헛된 기대를 놓지 못했다. 아무리 봐도 나를 합격시킬 근거는 없었지만, 어쩔 도리가 없었다. 믿는 것 말고는.

 이것이 내 '자소설'이 낳은 최후였다. 그리고 그제야 비로소 나는 진짜 나를 마주해야 했다.

가라앉은 배를
다시 띄우기

  3년간 내가 한 공부는 사실상 점수만 뽑아내는 '가짜 공부'였다. 동기 없이 외워대고, 시험 끝나면 다 잊어버리는, 그런 공부 말이다. 그보다 더 문제인 건 마치 꼭두각시처럼 3년 내내 타인의 기대에 맞춰 움직이기만 했던 거다.

  가짜 공부와 가짜 자소서 사건을 끝으로, 나의 고등학교 3년은 마침표를 찍었다. 합격한 대학은 없었고 수능 성적도 당연히 형편없었다. 복잡한 감정이 한꺼번에 밀려왔다. 3년 내내 전교권을 지키려 치열하게 달려왔는데, 그 노력이 전부 허탈했고 더 열심히 못 한 것에 대한 후회와 자책, 실패에서 오는 좌절과 열등감이 뒤엉켜 머릿속이 엉망이었다.

이렇게 되니 부모님께도 도리어 미안했다. 고등학교를 다니는 내내 부모님은 내가 공부에만 집중할 수 있게 나를 전적으로 뒷바라지해 주셨다. 부모님 덕분에 나는 말 그대로 온실 속의 화초처럼 자랐다. 학교에서 필요한 준비물을 부탁하고, 깜빡하고 안 챙겨온 날엔 갖고 와줄 수 있냐고 전화를 걸었다. 집에서 학교까지, 학교에서 학원까지, 학원에서 집까지 차를 타고 이동하느라 운동화에 흙먼지 하나 묻을 일 없을 때가 많았다. 문제 상황이 생겼을 때는 내가 스스로 해결책을 생각해 문제를 해결해 본 적이 거의 없었다.

그러던 어느 날 엄마가 문자를 보내셨다.
"이제는 20대니까 너 스스로 너의 인생을 살아라. 엄마는 이제 한 발 떨어져서 널 응원할게. 재수를 하게 되면 더 힘들 거야. 그럴 때는 오늘의 눈물을 기억하고 열심히 하면 내년에는 웃는 날이 오겠지."

'스스로 너의 인생을 살아라'라는 말에는 묘하게 많은 의미가 담긴 듯 보였다. '스스로'와 '네 인생'이라는 단어는, 내가 지금껏 살아온 '결'과는 사뭇 달랐다. 공부 말고는 스스로 한 게 없었고, 사실 그 공부조치도 내 의지라기보나 남들의 기대와 욕망을 쫓아 한 것에 불과했다.

치유를 향한 날갯짓

이제 막 스무 살이 된 내가 그 단어들에 담긴 무게를 곧바로 이해하진 못했다. 그렇지만 적어도 하나는 분명히 깨달았다. '재수'라는 결정에는 내 선택이 들어가고, 그 책임 또한 온전히 내 것이 된다는 사실이었다.

고등학교 3년은 사실상 운명처럼 정해진 과정이었다면, 이제는 아니었다. 의대를 가고자 재수를 할지 말지는 내가 결정할 일이었다. 그래서 만약 재수를 한다면, 어떤 태도로 임해야 할까를 생각했다. 과거의 나를 곱씹어보니, 나는 공부에 대한 필요성을 스스로 느껴서 한 게 아니라 그저 주변에 휩쓸려 해왔을 뿐이었다. 고1 때 자만으로 인한 낭떠러지, 고3 때의 가짜 공부와 자소설, 따지고 보면 늘 나를 정체시킨 건 내 안의 확고함이 없었던 탓이었다.

나에겐 어쨌든 변화가 필요했고, 그 변화를 통해 성장하고 싶었다. 이번만큼은 내가 만든 결과에 대해 내 자신이 만족할 만한 걸 만들어보고 싶었다. 생각해 보면, 내가 만든 배가 바다에서 가라앉았다면, 원인을 찾아 고쳐서 다시 띄워야 한다. 그냥 멀뚱히 "아, 가라앉았네" 하고 쳐다보고만 있어선 아무것도 달라지지 않는다. **난 더는 가라앉는 배가 되고 싶지 않았다.**

공부가 힘들기만 했던 이유들을 정확히 파악하고, 문제들을 해결할 수 있는 시간이 필요했다. 오랜 고민 끝에 나는 재수를 하기로 결심했다. 처음으로, 나의 선택으로, 나의 동기로 시작하는 것이었다. 물론 재수라는 길이 만만치 않겠지만, 내가 직접 내린 결정이니 후회 없이 해보리라 마음먹었다. 그렇게 나는 재수학원 등록을 서둘렀다.

어쩌면 누군가는 의아해할지도 모른다. '타인의 기대에서 벗어나 주체적으로 살겠다면서, 목표는 여전히 의대인 거야?' 솔직히 말하면, 나도 그 질문이 머릿속에서 지워지지 않았다. '정말 내가 원하는 길이 맞을까?' 하고.

사실 고등학교 시절 내내 '의대 진학'은 부모님과 주변 어른들이 만들어놓은, 그야말로 유일한 정답처럼 여기며 살아왔다. 그래서 처음엔 나도 아무 의심 없이 그 길을 따라가다 스스로 지쳐버린 거다. 하지만 재수를 준비하겠다고 마음먹은 뒤, 문득 내 안에는 의학에 대한 작은 호기심이 분명히 있었다는 걸 깨달았다.

예전에는 남들 말대로 '의대가 최고'라서 무작정 따라갔다면, 이번에는 '내가 실제로 이 분야에 흥미와 가치관의 접점이 있나?'를 스스로 점검해 보고 싶었다. 예전처럼 아무 생각 없이 '가야만 한다'가 아니라, '내가 이 길에서 어떤 사람이 되고 싶은지'를 고민해 보는 과정이 필요했다.

그래서 '의대를 가겠다'는 목표 자체를 버리진 않았지만, 접근 방식은 완전히 달라지고 싶었다. 누가 시켜서가 아니라, '내가 직접' 동기와 이유를 찾아 공부하고 싶었다. 만약 그 과정에서 "이건 아니다"라는 결론이 들면, 중간에라도 방향을 바꿀 각오가 되어 있었다.

보다 '주체적으로 살겠다'는 다짐은, 어쩌면 목표가 뭐든 내가 어떤 태도로 임하느냐에 달린 건지도 모른다. 의대라는 목표 역시 한 번은 내가 스스로 재검토해 볼 가치가 있다고 느꼈다. 결국 '재수'라는 결정은 단순히 '1년 더 해서 의대 붙겠다'가 아니라, **'내가 진짜 원하는 삶이 뭔지 시험해 보는 시간'**이기도 했다.

예전처럼 남들 눈치를 보며 '공부 기계'가 될 건지, 아니면 드디어 '나'를 주인공으로 세우고, 스스로 선택한 길을 뚜벅뚜벅 갈 건지, 그 분기점에 서 있음을 온몸으로 실감하고 있었다.

집 안까지 스며든
수능한파

 그렇게 1년이 흘렀다. 고등학교 3년 동안은 마치 다른 누군가의 삶을 살던 것 같았다면, 재수 생활은 적어도 내가 만든 배를 내가 운전해 보려 애쓴 시간이었다. 힘들고 지칠 때도 많았지만, 이번만큼은 내가 선택한 길이라는 책임감이 나를 버티게 했다. 그러다 보니, 어느새 두 번째 수능 날이 찾아왔다.

 전날 밤 일찍 잠에 들었지만 밤새 설친 기분이었다. 평소처럼 일찍 눈을 떴는데, 역시나 깜깜하고 차가운 아침. 재수생에게 '수능 한파'라는 말은 더욱 실감 나게 느껴졌다.

 부모님과 함께 차를 타고 이동해 교문 앞에서 두 번째 전

투를 나가기 전 마지막 작별 인사를 했다. 부모님은 아무렇지 않은 척 덤덤하게 "잘하고 와"라고 말씀하셨지만, 어젯밤부터 긴장하신 기색이 고스란히 남아 있었다. 그걸 보니 2월부터 시작된 나의 재수 생활이 머릿속에서 주마등처럼 흘렀다. 오늘은 그 '영화'의 가장 중요한 클라이맥스 장면이 될 것이다. 이 길었던 영화를 해피엔딩으로 만들고 오겠다고 마음먹으며, 나는 시험장으로 향했다.

  시험을 하나씩 끝마칠 때마다 불안과 걱정, 체념이 마음을 스쳐 갔다. '이번 과목은 아까보다 더 집중해야 해.'하고 다짐하곤 했지만, 애써 불필요한 감정들을 지워내기란 쉬운 일이 아니었다. 점심시간에도 평정심을 유지하려고 귀마개를 꽂고 차분히 명상을 했다. 점심 이후부터는 시간이 더 빨리 흘러갔다. 영어 시험을 마치고 한국사 시험에서 잠깐의 휴식을 거쳐 몰아치는 과탐 시험까지. 약간은 허무하게, 내 두 번째 수능은 그렇게 끝이 났다.

  걷어간 휴대폰이 돌아오길 기다리며 많은 생각이 떠올랐다. 망쳤다는 느낌은 없었지만, 딱히 '잘 봤다!'라는 확신도 들지 않았다. 조금은 착잡한 심정으로 창밖을 내다보니 어느새 노을이 질 무렵이었다. 뭔지 모를 뭉클함이 스쳤지만, 눈물이 나오진 않았다.

'일 년간의 과정과 노력이 오늘 이 하나의 시험으로 결론이 나는구나.'

 지나간 건 지나간 것이니 굳이 붙들지 않으려 했다. 결과는 알 수 없었지만, 내일이면 알람을 맞추지 않고 늦잠을 잘 수 있다는 사실만으로 약간의 해방감이 느껴졌다. 드디어 진짜 끝이라는 생각에 한편으론 속이 다 시원했다.

 수능장을 나서며, 결과와 상관없이 내 운명은 어느 정도 결정되었다고 막연히 느꼈다. 조금 피곤해진 몸을 이끌고 터덜터덜 교문을 나섰다. 살을 에는 추운 날씨 속에서도, 바깥에 모여 있는 수많은 학부모님 틈에서 엄마 아빠를 발견했다. 나는 애써 입꼬리를 올려 보였다. 재수까지 해서 본 수능인데, 울면서 나오면 부모님이 더 마음 아파하실 것 같았다.

 집으로 돌아오는 차 안에서, 긴가민가했던 몇 개의 답을 맞춰보고 잠깐이나마 안도감이 들었다. 하지만 집에 돌아와 가채점표를 전부 확인하고 나자 숨겨두었던 불안의 감성이 한꺼번에 폭발했다.

어떻게든 단단한 마음으로 임했다고 해도, 눈앞의 결과가 기대와 다를 땐 무너질 수밖에 없었다. 무력감과 자괴감, 죄책감과 허탈함이 뒤엉켜, 그 순간에는 쉽게 견디기 힘든 복합적인 감정에 압도됐다.

바깥 날씨만큼이나 얼어붙은 집 안 분위기에 모두가 굳어 버렸다. 다음날 늦잠을 잘 수 있다는 사실이 더는 나를 기쁘게 하지 않았다. 또다시, 그냥 하염없이 눈물이 흐를 뿐이었다.

목표와의 작별인사

　두 번째 수능 결과는, 생각보다도 훨씬 더 냉정했다.

　확실히 모의고사보다 잘 나오지 않은 수능 성적표를 손에 쥐고 한참을 바라보았다. 숫자들은 차갑게 빛났고, 그 빛 속에서 내 꿈은 점점 희미해져 갔다. 가슴이 무너져 내리는 듯한 통증이 느껴졌다. '나는 아무리 해도 안 되는 건가.'라는 절망감이 온몸을 휘감았다. 현실과 추구하는 목표 사이의 커다란 간극을 앞에 두고, 나는 그저 작고 무력한 존재에 불과했다.

　그보다 더 날 괴롭힌 건 나의 한계를 몸소 느끼고, 그 결과를 인정해야 한다는 냉혹한 현실이었다. 그 인정의 과정이 마치 살을 도려내는 것처럼 고통스러웠다.

'그냥 나는 이 정도의 사람이야.'라고 빠르게 받아들일 수 있었다면 이렇게까지 아프지 않았을 텐데, 계속해서 '난 더 잘할 수 있는 사람인데 왜 이것밖에 안 되지?'라는 생각에 사로잡혀, 스스로 만족하지 못한 채 나를 끊임없이 갉아먹고 있었다.

핸드폰을 붙잡고 친구와 막막한 미래를 얘기하던 중, 문득 '오랫동안 달려온 목표가 흔들린다면, 그럼 난 앞으로 뭘 해야 하지?' 하는 회의감이 파도처럼 밀려왔다. 마치 오랫동안 애써 만든 지도가 한순간에 무용지물이 되어버린 것 같았다. 길을 잃은 느낌, 방향을 상실한 느낌이 온몸을 휘감았다. 사실 고등학교 때부터 치열하게 내신을 챙겼고, 재수 때도 정말 내가 할 수 있는 최선을 다해 공부했다고 믿었으니까.

그런데도 보상은 없는 느낌이었다. 그 공허함이 가슴 깊은 곳을 파고들었다. '차라리 공부를 대충 하고 놀았다면 억울하지라도 않았을 텐데, 정말 열심히 했는데….'라며 하늘을 원망하고 싶었다. 눈물이 흘러내리는 것을 막을 수 없었다. 무언가 소중한 것을 잃어버린 것 같은, 깊고 어두운 슬픔이 나를 덮쳤다.

  과거를 돌아보니, 나는 의대 진학이라는 하나의 목표에만 매달려 있었다. 그런데 이제 그 목표가 희미해지니, '대체 뭘 위해 이렇게까지 공부했나?' 싶었다. 의대를 빼면 앞길이 보이지 않았다. 마치 어둠 속에서 손을 뻗어봐도 아무것도 만져지지 않는 그런 막막함이었다. '이제 와서 다른 전공을 생각 해야 하나? 아예 삼수를 해야 하나?' 한 치 앞도 보이지 않아 불안감이 폭풍처럼 휘몰아쳤다.

  하지만 고민하고 불안해한다고 바꿀 수 있는 건 정말 하나도 없었다. 최선을 다했다고 해도 결과가 마음대로 되지 않는 걸 보니, 뭐라도 더 애써본들 될 일이 아닌 것 같았다. 그래서 어느 순간부터는 그냥 아무 생각도 하지 않으려 했다. "흘러가는 대로 두자"고 마음먹은 건, 나름의 '탈진 상태에서의 임시방편'이었다.

  '내가 정말 의사가 될 운명이라면 그렇게 될 테고, 아니라면 또 다른 길로 흘러가겠지.'
  라는 생각은, '그래야만 짐시라노 내 성신을 붙잡을 수 있겠다'는 자기방어였다. 이미 애썼는데도 안 됐다는 무기력감이 컸으니, 차라리 '운명'에 맡기고 싶었던 거다. 마치 거친 바다를 헤엄치다 지쳐서, 그저 파도에 몸을 맡기는 심정이었다. 물론 지금 와서 보면 일종의 회피였다고도 할 수 있다. 그래도 그때의 나는 내가 해볼 수 있는 모든 시도를 했다고 믿었고, 스스로를 몰아붙일 기력도 더이상 남아있지 않았다.

 그렇게 시간이 조금씩 흘렀다. 흐르는 시간만큼이나 혼자 차분히 방에 앉아 많은 생각을 했다. 더 이상 스스로를 갉아먹는 생각의 고리를 이어갈 수는 없다는 게 제일 먼저 느껴졌다. 그것은 마치 어두운 방에서 빛이 새어 들어오는 것처럼, 조금씩 내면에 평화가 찾아오는 느낌이었다.

 그 생각들의 끝에서 내린 결론은, 재수를 하는 과정에서 내가 할 수 있는 최선을 다했다는 것이었다. 비록 최고의 방식은 아니었을지 몰라도, 그때 당시 순간순간 할 수 있는 최선을 선택해 만들어진 게 지금의 결과라고 느껴졌다. 다시 돌아간다고 해도 그것보다 더 열심히 할 수 없었을 것 같았다. 그래서 이제는 이 결과를 받아들여야 한다고 생각했다.

 '내 머리와 노력으로 할 수 있는 건 여기까지였으니, 이 결과를 기꺼이 인정하자.'

그렇게 나는 성적에 맞춰서 대학을 갈 생각을 어느 정도 하고 단념하기로 했다. 두 번째 수능에서도 의대 합격선에 못 미치는 점수가 나왔으니, 냉정히 말해 사실상 불가능하다고 판단했기 때문이었다.

며칠 뒤 수시 발표가 있는 날이었다. 재수생인 내가 수시에 합격할 가능성은 사실 크지 않았다. 내 마음속엔 이미 '의대라는 꿈은 끝이구나' 하고 마지막을 보내줄 준비까지 되어 있었다.

오후 2시쯤 결과 발표 문자를 받고, 아무 기대 없이 입학처 사이트를 검색했다. 수시 합격자 발표는 수험번호와 이름을 입력하면 결과 화면이 뜬다. 손가락이 키보드 위에서 잠시 떨렸다. 마지막 확인이라고 생각하니 가슴 한켠이 아려왔다.

약간의 긴장감과 함께 '확인' 버튼을 눌렀는데—

'면접 대상자입니다.'
라는 문구가 눈에 들어왔다. 처음엔 긴가민가해서 화면을 확대해 보았다. 그런데 진짜였다.

'세상에나, 신이 주신 마지막 기회인 걸까?'

'난 이제 의대는 끝났다고, 내 길이 아니라고 체념하려 했는데… 다시 희망을 가져되 되는 걸까?'라는 감정이 폭풍처럼 치밀었다. 마치 포기하려던 꿈이 다시 내게 손을 내밀고 있는 것 같았다.

결국, 준비된 사람에게 온 '지금'

 당장 내일이 면접이었으니 잡념을 떠올릴 틈이 없었다. 수능이 끝나고 마음이 어느 정도 정리된 터라, '의대'라는 목표에도 예전처럼 집착하지 않았다. 물론 합격하면 좋겠지만, 혹시 안 되더라도 절망하지 않을 준비가 되어 있었다.

 '그래도 마지막 남은 면접이니 후회만큼은 남기지 말자.'

 면접 날은 마침 12월 25일, 크리스마스였다. '하필 크리스마스에 운명을 가를 면접이라니, 대학도 참 너무하다.' 가벼운 투정을 속으로 해보면서, 기나긴 대기 끝에 비로소 내 차례가 되었다. 코로나19 때문에 마스크를 끼고 비대면 화상으로 면접을 봤는데, 예상했던 질문과 답변이 이어지다 마지막 물음에 답을 마쳤을 때쯤 시계를 보니 5분 정도가 남아 있었다.

그때 교수님 중 한 분이 "마지막으로 하실 말씀 있으면 하세요."라고 말씀하셨다.

현역 때 같았으면 '이제 무슨 말을 해야 하나?' 하고 당황했겠지만, 지금의 나는 수능까지 끝낸 재수생이자, 목표를 어느 정도 내려놓을 각오까지 한 상태였다. 오히려 그 순간, 이상한 용기가 솟았다.

"저는 오랜 기간 재활원 봉사활동을 해오면서, 스스로 인간 자체에 대해 깊이 이해하고 공감할 수 있는 사람이라는 것을 알게 되었습니다. 이러한 제 성격과 태도를 바탕으로 의학적 소양을 쌓아 지역사회에 꼭 필요한 의료인으로 성장하고 싶습니다. 그래서 꼭 이 학교에 오고 싶다는 마음을 전하고 싶습니다."

기억에 남는 구체적인 멘트는 다 전하지 못하겠지만, 분명 그때 내 눈빛에는 온통 '이 학교에 꼭 가고 싶다'는 마음이 가득했을 거다. 예전 같았으면 똑똑해 보이려는 말을 준비했을 텐데, 지금은 현란한 표현 하나 신경 쓸 겨를도 없었다. 대신 '진솔함'으로 남은 5분을 온전히 채웠다.

면접이 끝나고 나오는 길. 심장이 쿵쿵 뛸 만큼 긴장했지만, 동시에 묘한 후련함이 느껴졌다.
'혹여 떨어지더라도, 더는 나를 애써 포장하지 않고 있는 그대로 최선을 다했으니 미련은 없겠지.'
그렇게 마지막 면접이 지나갔다.

며칠 후, 크리스마스가 지나가고 새해가 가까워져 오던 어느 날.
집에서 결과 발표를 기다리며 '합격 발표가 떴다'는 문자를 받았다. 사실 이번에도 붙을 거란 기대는 안 했다. '재수생이니 이 학교도 쉽지 않겠지…'라며 조금은 무심하게 입학처 사이트를 열었다.

이름과 수험번호를 입력하고 '확인' 버튼을 눌렀는데, 화면에 빨간 글씨로
"합격을 축하합니다!" 같은 문구가 보였다.

처음엔 눈을 의심했다. 화면을 확대해 보고, 몇 번이고 새로고침도 해봤다. 그래도 합격이었다.

그 순간, 솔직히 더할 나위 없이 기뻤다. 욕심과 기대를 어느 정도 내려놨다고 생각했는데도, 오랫동안 바라온 목표가 예상치 못하게 이루어지니 너무 극적이고 행복했다. '열심히 해봤자 소용 없네'라며 자책했던 그 노력들이 사실은 무의미하지 않았구나 싶었다.

부모님께 뛰어가 화면을 보여주며 "정말 붙었나 봐!"하니, 엄마 아빠 얼굴에도 눈물이 한 방울 번져 있었다.

예전처럼 '성적 잘 받았으니 당연히 기뻐해야지'라는 식이 아니라, '우리 딸, 드디어 마음 편히 웃을 수 있겠다' 하고 안도하는 눈빛 같았다. 그게 나를 더 울컥하게 했다.

'초등학교 때부터… 한 거라고는 공부뿐이었다고, 그럼에도 실패했다며 스스로를 자책하기도 했었지만, 결국 이렇게 결실이 맺어지네.'

생각해 보면, 그 긴 과정에서 가슴 아팠던 좌절도 많았지만, 한 걸음 한 걸음 쌓인 것들이 없었더라면 이 기회도 분명 잡지 못했을 거다.

한편으론, 예전처럼 목표에 너무 집착하면 될 일도 안 될 수 있음을 깨달았다. 고3 때까지는 의대라는 높은 목표 자체에만 목숨 걸고 매달린 탓에, 정작 공부의 본질과 필요를 느끼지 못해 더 힘들었다. 그런데 재수를 하면서부터 목표에 대한 집착을 내려놓고 어느 정도의 여유와 함께 마음을 편안하게 흘러가도록 두었더니 오히려 좋은 결과가 저절로 찾아온 느낌이었다.

 이제 막 '합격'이라는 결실을 맛본 지금, 나는 이 한걸음이 분명 단순히 운이나 요행이 아님을 안다. 꾸준히 키워온 '내 그릇'이 마침내 빛을 발한 것일 테니까.

 '흘려보냈지만, 다시 내게로 돌아온 꿈'—이 한마디가, 내 지난 시간들을 한층 의미 있게 느껴지도록 만들어주었다.

잃어버린
나를 찾아서

 대학교 여름방학을 며칠 앞둔 어느 날, 휴대전화가 울렸다. 발신자 이름을 보고 나는 잠시 멈칫했다.

 "영서야 잘 지내니?"
 거의 10년 전, 초등 학교 시절 나를 가르치셨던 영어 선생님이었다. 학원을 그만두고 중학생이 되어서도 가끔 이메일을 주고받긴 했지만, 목소리를 들은 건 정말 오랜만이었다.

 "선생님, 정말 오랜만이에요. 전 잘 지내고 있어요!"
 "오랜만에 얼굴 보자!"

 항상 열정 넘치셨던 선생님의 목소리는 하나도 변함이 없었다. 나를 유독 예쁘게 봐주셨던 분이어서 꼭 한 번쯤은 찾아 뵙고 싶었는데, 그렇게 나는 거의 10년 만에 선생님과 만나게 되었다.

선생님을 만나 레스토랑에서 밥을 먹으며 안부 인사를 나눈 뒤, 약간은 어색한 공기가 흘렀다. 하지만 금방 선생님께서 능숙하게 대화를 이끌어주셨다. 옛날에 학원 다녔을 때 이야기, 중학생 때 이야기, 부모님 이야기, 대학교 이야기, 진로 이야기…. 질문과 대답이 이어지던 중, 갑자기 선생님께서 나를 가만히 보시며 말씀하셨다.

"영서야, 근데 너 성격이 너무 많이 바뀐 거 아니야? 고등학교 다니면서 도대체 무슨 일이 있었던 거야?"

순간, 가슴 한구석이 묘하게 조여들었다.

"그냥 뭐… 공부하느라 성격이 좀 차분해졌어요."
"그런 거야? 그런 거라면 많이 아쉽네. 사실 나는 네가 오늘 나 만났을 때 'Hey~~ Teacher~~~'라고 말하면서 신나게 달려올 줄 알았어."

"아, 선생님… 그땐 초등학생이었잖아요."
"하하. 그치. 그 밝고 발랄한 성격을 잃지 않았으면 했는데. 너 어렸을 때 어땠는지 기억 안 나?"

   선생님은 내 유년 시절에 관한 이야기를 몇 가지 들려주셨다.

   참 씩씩하고 야무진 아이였단다. 불의를 보면 참지 않고, 하고 싶은 말을 솔직하게 표현했던 아이. 어른들 앞에서도 주눅 들지 않고 자기 생각을 당당히 말하던 모습. 그리고 교실 문이 열릴 때마다 "Hello, Teacher!!"라고 가장 먼저 밝게 외치던 그 목소리까지. 잃어버린 내 기억 속에 존재하는 나는, 내가 생각했던 것보다 훨씬 더 밝고 쾌활한 아이였다.

   "제가 그랬어요?"

   짧게 되묻고 나서, 뭔가 알 수 없는 시린 공기가 흉곽을 스쳐 지나간 것 같았다. 정말 내가 그렇게 재미있고 당돌한 아이였다니. 잘 기억나지 않지만, 상상만 해도 어색했다.

   '대체 언제부터, 그런 '나'와는 점점 멀어져 버린 걸까…'

선생님과 만난 뒤 집에 돌아오는 길, 나는 지난날들을 찬찬히 떠올렸다.

"죽었다 생각하고 공부만 해."
"너가 지금 이런 거 신경 쓸 때니?"
"넌 애가 왜 이렇게 독하지가 않냐. 독하게 공부해야 성공한다는데."

그 시절 내가 가장 많이 듣고, 또 스스로 되뇌던 말들이 먼저 떠올랐다. 타인에게 듣기도 했지만, 스스로 경주마처럼 앞만 보며 달리라고 자극하기도 했던 말들이다. 그때는 그게 최선이라 믿었으니까. 그 말들을 들으면 약간은 자극과 동기가 되겠거니 싶었는데, 돌이켜보니 그런 말들 속에서 내가 많은 것을 잃어버렸다는 생각이 문득 들었다.

'대체 무엇을 위해 나를 그렇게까지 벼랑 끝으로 몰아붙였나' 싶었다.

채찍 같은 말들을 떠올리며, 나는 스스로에게 '더 독하게, 더 완벽하게'라고 끊임없이 주문을 걸었다. 사소한 실수마저 용납하지 않으려 밤늦게까지 문제집을 붙들었고, '이 정도로 만족하면 안 돼'라며 매번 스스로를 몰아붙였다.

사실 그건 내 본래 성격과는 정반대였다. 원래 나는 욕심도 별로 없고 느긋하며 경쟁도 좋아하지 않았다. 그런데도 "1등 해야 한다"라거나 "넌 더 잘할 수 있잖아"라는 주위 시선에 못 이겨, 결국 '공부 잘하는 애'가 되어야만 했다. 그 과정에서 언제부턴가, 내 진짜 모습은 점점 뒷전이 되어갔다.

그렇게, 나는 나를 잃어버렸다.

뜻 모를 상실감이 마음을 휘감아, 집으로 돌아오는 내내 머릿속이 한없이 조용해졌다. 어린 시절 사진 속, 해맑게 웃는 내 모습이 불현듯 떠올랐다.
'그 애는 지금 어디로 갔을까.'

한숨과 함께 작은 숨을 뱉으며, 문득 마음이 살짝 뻐근해지는 걸 느꼈다.

새벽 킥보드가
깨운 내 영혼

 대학교 입학 첫 학기에는 코로나19로 인해 비대면 수업이 진행되었다. 그 바람에 시험 기간을 제외하고 동기들을 직접 만나는 게 쉽지 않았다. 2학기에 들어서 본격적으로 대면 수업을 했고, 학교에서는 기숙사 신청을 받았다. 덕분에 드디어 동기들과 함께 꿈꿔 왔던 대학 생활을 시작할 수 있게 되었다.

 2학기 첫 수업 날이었다. 아침에 일어나 깔끔하게 옷을 차려입고 머리를 매만지며, 설렘 반 긴장 반으로, 학교로 향했다. 학교 앞에서 친구를 만나 함께 강의실로 들어갔다. 문을 열자, 드라마에서나 보던 넓은 계단식 강의실이 눈앞에 펼쳐졌다. 고등학교 때의 비좁은 교실과는 사뭇 달랐다.

책상 위에는 문제집과 연필이 아닌 아이패드와 수업자료들이 가지런히 놓여 있었다. 뒤쪽 자리에 앉아 교실 풍경을 둘러보았다. 화면 속에서만 봤던 친구들과 교수님이 실제로 눈앞에 있으니 묘한 기분이 들었다. 수업이 시작되었지만, 아직 적응이 안 돼서인지 첫날부터 잠이 오고 말았다. 아이패드 화면에는 지렁이가 몇 마리 기어가고 있었다.

수업을 마치고 점심시간이 되면 따뜻한 햇살이 한가득 내게 쏟아졌다. 새로 마주치는 동기들이 눈에 들어왔고, 서로서로 소개해 주며 약간은 어색한 인사를 나눴다.

"조별 과제같이 한 친구 OOO인데, 인사해. 우리 다 동갑이야."
"오늘 밥 같이 먹을래?"

코로나19 이후라서 그런지 모두 관계를 맺는 데 열린 마음이었다. 덕분에 처음 보는 친구들과도 금방 이야기를 나누며 친해질 수 있었다. 기숙사 방에서 함께 깔깔대며 웃고, 점심시간에는 근처 뒷산에 돗자리를 펴고 소풍도 갔다. 선선한 밤이 되면 학교 캠퍼스를 산책했다.

대단히 특별한 행복은 아니었지만, 소소하고도 확실한 행복이었다. 원래 사람들과의 관계 속에서 작은 즐거움을 느끼는 건 어린 시절 내 주된 정체성이었다. 그것은 잃어버렸던 내 모습의 한 조각이기도 했다.

머지않아 시험기간도 금방 찾아왔다. 나에게 '시험기간'이란 고등학교 때 내신을 준비하던 우울함과 외로움이 먼저 떠오르는, 기억하고 싶지 않은 상처였다. 밤늦게까지 혼자 책상에 앉아 문제집을 풀던 날들, 시험 전날이면 불안해서 밥도 못 먹고 잠도 설치던 고통스러운 기억….

'한 문제도 놓치면 안 돼. 절대로.'
그 생각은 밤마다 나를 옭아매는 사슬이었다. 모든 문제를 완벽히 풀어야 한다는 압박감에 숨 쉴 틈조차 없었다. 책상 앞에 앉은 내 모습은 마치 감옥에 갇힌 죄수 같았다. 오로지 성적을 위해 달렸던 그 시간들. 밤늦게 창밖을 보며 한숨 쉬던 그때의 나는 얼마나 외로운 영혼이었을까.

그런데 이번에는 함께 시험기간을 보내는 동기들이 있었다. 같이 문제를 풀고, 모르는 걸 물어보고, 도움이 될 부분을 공유하면서 밤늦게까지 공부했다. 누군가 잠들면 사진을 찍고, 간식을 나누며 잠깐씩 쉬기도 했다. 웃음과 대화가 오가는 이 공간은, 고등학교 시절 차갑고 무거웠던 시험기간과 사뭇 달랐다.

의식하지 못했지만, 그 과정에서 과거의 쓰린 아픔들을 많이 털어내고 있었다. '시험'이라는 단어가 더 이상 공포로 다가오지 않게 된 것이다.

어느 날은 '의학용어' 시험을 앞두고 밤샘 공부를 하자고 친구들과 약속했다. 밤 10시에 기숙사를 나와 24시간 스터디 카페로 향했다. 시험은 오전 10시에 시작이니 12시간 정도면 충분하겠지 싶었다. 처음에는 집중이 잘 됐지만, 자정 무렵 한 친구가 포기하고 돌아갔다. 남은 우리는 새벽 3시까지 힘겹게 버티다, 점점 졸음과 피로에 무너졌다.

"집중 잘 돼? 바람 쐴 겸 킥보드 타러 나갈래?"
"어, 갈래. 제발."

망설임 없이 나온 "제발"이라는 말에 나조차 놀랐다. 마치 오래전에 가둬둔 무언가가 깨어나는 느낌이었다. 시험 전날에 이런 충동이 가능하다는 게 낯설었지만, 왜인지 가슴이 두근거렸다.

 새벽 3시 30분. '밤샘 공부'라는 명목은 쉽게 무너졌고, 택시를 타고 킥보드가 많이 주차된 캠퍼스로 향했다. 당연히 아무도 없는 깜깜한 학교 안에는 가로등 몇 개와 우리뿐이었다. 처음 타는 전동 킥보드였지만 어릴 적 씽씽이를 좋아했던 기억이 떠올랐다. 혼자서 드넓은 캠퍼스를 누비며 새벽의 차가운 공기를 마시는 순간이란, 정말 짜릿하고 행복했다.

 속도를 올릴수록 몸속 깊은 곳에서 무언가 해방되는 듯했다. 한 번도 목 놓아 소리 질러본 적 없던 내가, 어느새 웃음을 터뜨리며 내달리고 있었다. 고등학교 시절, 시험에 실패할까 두려워 질식할 듯했던 내가 맞나 싶었다. 성적으로만 나를 가뒀던 시간이 거짓말처럼 느껴졌다.

 새벽 5시에 스터디카페로 돌아왔지만, 집중이 될 리 없었다. 결국 쪽잠을 자고 그대로 시험장에 갔는데, 서술형 문제는 거의 빈칸으로 냈다. 며칠 뒤 행정실에서 온 재시험 위기 문자를 받고, 하위 20%라는 처참한 성적도 확인했다. 고등학교 때라면 "망했다, 이젠 끝이야"를 외치며 괴로워했을 텐데… 이상하게도 나는 웃음이 나왔다.

혼자 기숙사 방에 앉아, "시험 망쳐도 이렇게 숨을 잘 쉬고 있잖아"라는 생각에 허무하기도 하고, 해방감마저 들었다. 룸메이트도 똑같은 문자를 받았다며 문을 열고 들어와 웃었다. **시험을 망쳐도 세상은 여전히 잘만 돌아가고 있었다.**

그렇게 대학 생활을 하면서, 나를 속박해 왔던 단어들―성적, 등수, 실패, 경쟁―이 하나둘 힘을 잃었다. 그 단어들이 약해질수록, 오랫동안 묻어두었던 내 본모습이 조금씩 되살아나는 게 느껴졌다.

'시험 전날, 새벽 3시 외출, 전동 킥보드, 그리고 하위 20%.'
이 모든 키워드를 동시에 품게 될 줄은 상상도 못 했지만, 그 시험이 어땠는지조차 지금은 잘 기억이 안 난다. 다만 시험 전날 밤, 바람과 함께 달리던 추억은 너무도 생생하다. 깜깜한 캠퍼스에선 오히려 내 마음과 머리가 시원해졌으니까.

어쩌면 그 순간들이 내가 다시 진짜 나를 찾아가는 과정이었을지도 모른다. 한때는 시험 하나만 망쳐도 모든 게 끝장인 줄 알았는데, 정작 망쳐봐도 세계가 무너지지 않는다는 사실을 깨닫는 그 자유. 그 작은 틈 사이로 나는 아이처럼 깔깔대며, **"아, 이렇게도 살 수 있구나"** 하고 웃음을 배웠다.

 성적을 위한 인생이 아닌, 조금이라도 나답게 숨 쉬는 인생. 그건 어쩌면 해보지도 않고 포기했던 내가 진짜로 원하던 길인지도 몰랐다.

잃어버린 영혼과의 재회

대학에서의 일 년이 흘렀다. 사람에 대한 갈망이 컸던 나로선 사람들과 만나 이야기하고 나를 보여주고 서로 다양한 감정들을 공유했던 것만으로도 정말 의미 있는 시간이었다. 잃어버린 내 본래의 자아를 하나둘 발견해 나가며 내 영혼이 다시금 건강해지는 게 느껴졌다.

'환경이 참 무섭다'라고 느낀 게, 그렇게 공부밖에 모르던 아이가 새장 문을 박차고 나가 누구보다 자유롭게 뛰어놀고 있었다. 마치 원래 내가 가진 고유한 기질이 그러한 아이였다는 걸 증명이라도 하려는 듯이.

물론 초반부터 이런 성향이 대뜸 튀어나왔던 것은 아니다.

열심히 놀다가도 '공부해야 하는데…' 하는 생각이 자꾸 떠올라 결국 책상 앞에 앉아 있는 나를 발견하기도 했다. 10년 가까이 해온 공부 습관 같은 것이었다.

  하지만 예전과는 다르게 마음이 편했다. 대학까지 와서 1등 하려는 욕심에 목매는 친구가 되고 싶진 않았다. 이젠 나에게 공부하라고 강요하는 사람도 없었다. 나조차도 나에게 말도 안 되는 기준을 충족시키라며 강요하는 일도 일어나지 않았다.

  이러한 일련의 과정을 거쳐서 나는 예전과 조금 다른 생각을 할 수 있게 되었다.

  예전에는 나의 이상적 자아가 타인에 의해 정해져 있었고, 그 이상적 자아에 현실 자아인 나를 끼워 맞추려고 부단히 노력해왔다. 그러다 보니 두 자아 사이의 괴리감에서 오는 정체성의 혼란을 많이 느꼈던 시절이었다. 아무리 이상에 가까워지려고 해도 현실 자아는 늘 부족했으니까.

  하지만 이제부터는 나에게 어떤 이상적인 자아를 부여하지 않기로 했다. 그게 타인에 의해서든, 나 스스로 부추겼든 말이다. **나를 내가 가진 모습 그 자체로 인정하고 받아들이는 것이 우선**이었다.

  공부할 때도 마찬가지였다. 대학에 와서부턴 내가 할 수 있는 선에서 열심히 했다. 나에게 맞지 않는 너무 높은 목표나 힘들고 고된 과정을 더 이상 추구하고 싶지 않았다. 힘들면 잠깐 쉬었다 하고, 집중이 안 되면 산책을 하거나 잠깐 쪽잠을 자고 일어나서 하고, 어떤 방법으로든 공부가 잘 안 되는 날은 일찍 잠자리에 들어 다음을 기약했다.

  그래서 편안했다. 내가 하고 싶은 대로, 내 마음이 원하는 대로 할 수 있었기 때문에, 크게 불안해할 것도 없었고, 혹여나 결과에서 만족하지 못하더라도 별로 실망하지 않았다. 그 과정에서 내가 나를 챙기면서 나름의 최선을 다하고 있었으니까.

  어느 날 밤, 창가에 기대어 밤하늘을 바라보며 문득 깨달았다. 고등학교 때는 별을 볼 시간조차 없었는데, 지금의 나는 이렇게 별을 보며 사색할 여유도 있다는 것을. 그리고 그 순간, 어릴 적 선생님이 들려주셨던 내 모습과 지금의 내 모습이 조금씩 닮아가고 있다는 생각이 들었다.

초등학교 때의 나, 잃어버렸던 그 영혼이 다시 내게 돌아오고 있었다.

이제 나는 안다. **진정한 성공이란 남들이 정해준 길에서 1등을 하는 것이 아니라, 내 영혼이 원하는 길을 걸으며 나답게 사는 것임을.** 그리고 이것이 나의 선택이자, 나만의 날갯짓이라는 것도.

사실 의대 생활이 쉬운 것은 아니다. 여전히 많은 공부량과 시험들, 경쟁과 압박이 존재한다. 단지 내가 의대에 왔다고 해서 이런 깨달음을 얻은 것이 아니다. 오히려 그 반대다. **내가 어디에 있든, 무엇을 하든 결국 중요한 것은 외적인 성취가 아닌 내면의 성장이었다.** 만약 내가 다른 길을 선택했더라도, 이 깨달음은 결국 찾아왔을 것이다. 의대에 간 것이 "성공"이라는 세상의 시선은 여전히 존재하지만, 나는 이제 그런 시선에 내 가치를 맡기지 않는다.

어쩌면 **내가 가장 행복한 이유는 의대에 왔기 때문이 아니라, 마침내 나 자신을 찾았기 때문**이다.

나는 나를 찾았다. 그 과정에서 알게 된 것은, 나 자신이 그렇게 멀리 있지 않았다는 것이다. 다만 세상의 소리에 묻혀, 내 목소리를 듣지 못했을 뿐.

이제 나는 내가 가진 내 모습 그대로 사랑하기로 했다. 그것만으로도 나는 충분하다.

에필로그
: 지나온 과거와 화해

화창한 어느 봄날, 나는 혼자 오랜만에 고등학교를 찾았다.

교문을 지나칠 때, 묘한 감정이 밀려왔다. 무거운 발걸음으로 수없이 드나들던 이 길, 어깨를 짓누르던 압박감과 불안으로 가득했던 그 시절이 스쳤다. 건물은 그대로였지만, 그걸 바라보는 지금의 내 마음은 많이 달라져 있었다.

교정 구석에 조용히 피어 있는 벚꽃이 눈에 들어왔다. 고등학생 때는 저기에 꽃나무가 있는지도 몰랐는데, 아니 사실 본 적이 있어도 그것을 느낄 여유가 없었다. 늘 고개를 숙인 채 다음 시험, 다음 성적표 생각만 하며 걸었으니까.

교복을 입은 학생들이 삼삼오오 모여 웃고 떠드는 모습이 보였다. 그 속에서 공부에만 열중하는 아이도, 운동장에서 뛰어노는 아이도, 모두 자기만의 빛을 품고 있었다. 아마 그중 누군가는 나처럼 자기 목소리를 잃어갈 수도 있겠지. 부모님의 기대, 사회의 시선, 그리고 스스로 쌓아 올린 불안에 짓눌려 진짜 나를 잊어가는 아이들.

벤치에 앉아 한동안 학교를 바라보았다. 이곳에서 얼마나 오랫동안 성적과 입시에 매달려 살았던가. 그 시간 동안 놓쳐버린 것들은 또 얼마나 많을까.

'나는 왜 의대에 가려 했을까?'

솔직히 처음에는, '모두가 인정해주는 길이니까'라는 어른들의 말 때문이었다. 공부가 나에게 전부였던 시절, 이 길이야말로 인정받는 방법이라 믿었으니까.

하지만 지금은 조금 다르다. 의대 생활을 시작한 뒤, 여러 과목의 이론을 공부하고 실습을 통해 배우면서 생각보다 이 길이 '나랑 잘 맞는 길이구나' 하는 마음이 들었다. 막연히 어렵고 무거운 길인 줄만 알았는데, 배움의 깊이가 꽤 흥미로왔다. 강의를 들으며, 교수님들과 이야기를 나누면서 '내 방식대로 이 길의 가치를 찾을 수 있겠다'고 느꼈다. 처음에는 남들의 기대였을지 몰라도, 이제는 내가 스스로 선택한 길이라는 확신이 조금씩 자라나고 있다.

 물론 지금의 나 역시 완벽하진 않다. 때로는 '내가 잘하고 있는 걸까?' 흔들릴 때도 있고, 세상은 여전히 내 뜻대로 되지 않는 것 투성이다. 그래도 이전처럼 "끝났다, 망했다"며 절망하지 않는다. 시험을 망쳐도 세상이 무너지지 않는다는 걸, 그리고 내 가치는 성적보다 훨씬 크다는 걸 깨달았으니까.

 중요한 건 어디에 도착하느냐가 아니라, 누구로서 그 길을 걷느냐라는 생각이 든다. 실패와 좌절 속에서도, 아니 오히려 그 순간에 더 선명하게 우리는 자신을 발견하게 된다. 나 역시 그랬다.

 학교를 나서며 고개를 들어 하늘을 보았다. 맑은 하늘 위로 자유롭게 날아가는 새 한 마리가 보였다. 예전엔 고개 들 새도 없이 걸었는데, 이제는 그 모습이 왜 이렇게 아름다운지 모르겠다.

우리는 모두 자신만의 하늘을 향해 날아갈 날개를 갖고 있다. 다만 그걸 믿지 못하거나, 남들이 정한 하늘만 쫓느라 자기만의 날갯짓을 잊어버리는 경우가 많을 뿐이다. 내가 그랬던 것처럼.

　어딘가에서는 자신의 길을 찾아 방황하고 있을 누군가, 그들에게 말해주고 싶다.

　"중요한 건 어디에 도달하느냐가 아니라, 정말 가고 싶은 곳을 향해 날아갈 용기를 가지는 거야. 실패하더라도, 그 순간마저 너를 더 너답게 만들어 줄 거니까."

　"그 자체로 네가 생각하는 것보다 너는 훨씬 더 빛나고, 더 자유로울 수 있어."

　집으로 돌아가는 길, 발걸음이 한결 가벼워졌다. 마치 어릴 적처럼, 세상의 무게를 내려놓고 온전히 나로서 숨 쉴 수 있는 마음으로 나는 다시 한번 날갯짓을 시작한다.

　비록 누군가는 나와 다른 방법을 택하거나, 다른 속도로 걷고 있을지 몰라도, 그 이야기 또한 이제 곧 만나게 될 것이다.

저마다의 하늘을 향해 날아가는 내 친구들의 모습을 지켜보길 바라면서 내 글은 여기서 마무리한다.

인생은 속도가 아니라 방향이다.
_ 요한 볼프강 폰 괴테 (Johann Wolfgang von Goethe)

2부. 지호의 이야기
자립을 향한 날갯짓

프롤로그
: 나만의 속도로

 영서와 나는 같은 고등학교 같은 반 친구다. 매일 아침 8시 30분, 교실에서 영서는 늘 같은 자리에 앉아 공부하고 있었다. 같은 시각 나는 대개 졸린 눈으로 책상에 엎드려 잠을 잤다. 나는 잠이 정말 많다. 그냥 많은 게 아니라, 학교에서 유명할 정도로 잠이 많았다. 우리는 같은 교실에서 같은 시간을 보냈지만, 참 달랐다.

 영서는 반 1등이자 전교 1등이었다. 나는 반에서 3등, 전교 30등 정도였다. 이때는 영서가 얼마나 열심히 공부하는지 사실 잘 몰랐다. 영서 같은 친구들을 보면 '공부를 얼마나 치열하게 했을까'보다는 '타고난 머리가 좋구나'하고 생각을 했다. 지금 생각해 보면 머리도 좋았겠지만 그만큼 치열하게 공부했기 때문에 전교 1등까지 할 수 있었을 텐데 안일한 생각이었다.

반면 나는, 솔직히 말해 '치열하게 공부해야 한다'라는 식의 부담감을 느끼며 공부하는 게 싫었다. 더 열심히 하면 더 나은 결과를 만들 수 있다는 걸 몰랐던 건 아니었지만, 내가 할 수 있는 이상을 계속 요구받는 건 정말 막막했고, '의무감으로 하는 공부'가 너무 싫었다. 무거운 장비를 착용하고 전력 질주를 하는 대신, 그냥 한 발짝씩 내 속도대로 꾸준히 걸어가고 싶었을 뿐이다. 놀 때는 확실히 놀고, 시험 기간에는 나름대로 최선을 다하는, 그 정도면 충분하지 않을까 하는 마음이었다.

처음부터 의대 진학과 같은 커다란 목표를 세워 놓지도 않았다. '오늘 하루도 꽤 괜찮게 보냈다'라는 소소한 만족이 나는 더 좋았다. '쉽게 지치지 않고 꾸준히 나아가다 보면 결국 나도 괜찮은 곳에 닿을 수 있을 거야.' 그것이 내가 내린 그 시절의 결론이었다.

그런 내 방식이 과연 통할지 말시 확신하지 못했던 것도 사실이다. 하지만 그렇다고 해서 '남들처럼 더 경쟁적이고 빠른 페이스로 바꿔야겠다'라고 마음먹은 적은 없다. 내 공부법과 생활 패턴을 억지로 바꾸는 대신, 나 스스로를 있는 그대로 믿어보자는 쪽이 나에겐 더 끌렸다.

  지나고 나서 보니, 그건 꽤 용기 있는 선택이기도 했다. 다들 "더 빠르게, 더 높게"를 외치는 분위기 속에서, 나는 '내가 감당할 수 있는 선에서 꾸준히'를 택했으니 말이다. 나는 잠도 많고, 공부는 느리게 하는 편이었고, 중간중간 휴대폰 게임도 했다. 남들보다 뒤처지는 건 아닐지 종종 걱정했지만, 결과적으로 내 방식대로 그 시절을 잘 이겨낼 수 있었다. 물론 "그래서 편하게만 살았느냐" 하면 꼭 그렇지도 않다. 중간중간 쉽지 않은 갈등과 고민이 찾아왔다. 다만 영서와는 사뭇 다른 '결'을 지닌 채, 나는 나대로의 길을 걸어왔다.

  이제 내 이야기를 조금 더 자세히 풀어볼까 한다. 영서가 '급류'를 헤치며 달려왔다면, 나는 비교적 '잔잔한 강물'을 헤쳐 왔달까. 과연 이 느린 페이스가 정말 통했을지, 또 어떠한 불안과 고민을 가지고 걸어왔을지 궁금하다면, 부디 조금 느린 내 한 걸음 한 걸음을 지켜봐 주길 바란다. 분명 나름대로 의미 있고 재미있는―이번엔 '조금 느린' 여정의 시작이다.

내 느린 속도가
만들어진 곳

 중학교 시절의 나는 정말 소심한 아이였다. 누군가 부탁을 하면 하기 싫어도 "싫어"라고 말하는 게 더 싫어서 차라리 들어주는 걸 택했다. 수업 시간에도 비슷했다. 선생님께서 지목해서 질문하시면 답을 알고 있어도 대답은 항상 자신없게 말했다. 발표는 더 최악이었다. 친구들이 나를 쳐다보고 있으면 왠지 모르게 무섭고 당황스러워서 머리가 하얘졌다. 생각들이 다 뒤엉켜 말로는 하나도 표현되지 않았다.

 그때의 나는 조용하고 평화로운 하루하루가 좋았다. 딱히 어딘가에 존재감을 드러내고 싶지도 않았고, 실제로도 어디서든 별로 존재감이 없는 아이였다. 그 대신에 친한 친구들과 있을 때는 조금 달랐다. 웃는 순간이 좋아서, 내 곁에 있는 친구들이 웃을 수 있게 나름의 노력을 했고, 그 덕에 친구들은 "지호는 착하고 다정하다"라며 나를 좋아해 주었다. 그런 친구들과 설빙에 가서 빙수를 나눠 먹고, 노래방에 가고, 떡볶이를 먹으러 다니던 그 평범한 일상만으로도 나는 행복하고 만족스러웠다.

  주말이면 종종 시골 할머니 할아버지 댁에 가서 뛰어놀았다. 시골에서는 특별한 것도 많이 봤는데, 할아버지가 마당에서 신기한 옷을 입고 벌꿀을 따실 때 화난 벌들이 집안까지 들어와서 나를 쏘고 갈까 봐 무서웠던 기억이 난다. 또 다같이 김장하는데 어렸을 때는 김치에 양념을 묻히는 것이 너무 재밌어서 어른들이 이걸 왜 힘들다고 하는지 이해가 안된다고 뭐라고 했었다. 지금 생각해 보면 다들 되게 어이없었을 것 같다. 비닐하우스에서 고추도 말리고, 밭에서 감자랑 고구마도 캤다. 서울과 달랐던 시골만의 넉넉하고 자유로운 분위기는 어쩌면, 내게 **'느리게 흘러가는 시간 속 행복'**을 가르쳐준 셈이다.

  공부 얘기를 해보자면 중학교 때 공부를 열심히 하긴 했다. 우리 중학교는 공부를 열심히 하는 친구들이 정말 별로 없었다. 다른 중학교 친구들 얘기를 들어보면 그래도 나름대로 다들 열심히 했던 것 같은데, 내 중학교 친구들은 이상하리

만큼 공부를 안 했다. 학원도 안 다니는 친구들이 많았다. 다들 성격이 삐뚤어져서 "학원 같은 거 안 다녀!"라며 반항하면서 안 간 느낌이 아니라 그냥 자유롭게 하고 싶은 대로 하고, 놀고 싶은 대로 노는 느낌이었다.

그래서 좋았던 점이라고 한다면, 계속 놀다가 시험기간에만 공부를 조금 해도 성적이 바로바로 올랐다는 것이다. 공부를 열심히 하면 전교 5등 이내는 할 수 있었다. 내가 전교 5등이라니. 존재감 없던 아이의 숨겨져 있던 존재감이 조금 드러나는 순간이었다. 딱히 관심을 받고 싶었던 것은 아니었지만, 어쨌든 이 많은 친구들 사이에서 내가 5등 안에 들었다는 사실이 굉장히 새롭고 신났다. 내가 이런 것을 해낼 수 있는 사람이라는 것을 생각해 본 적도 없는데, 해냈다는 것이 뿌듯했고 살면서 처음 느껴보는 종류의 기쁨을 느꼈다. 항상 자신감 없고 소심한 아이였는데, 자신감이 아주 조금씩이지만 생기기 시작했다.

그때의 공부 방법은 진짜 무식하게 다 외우는 것이었다. 문제집을 많이 사서 풀지도 않았고, 범위가 얼마 되지 않아서 그냥 그 범위에 있는 자습서의 모든 글씨를 다 외웠다. 아무도 안 볼 것 같이 생긴 옆에 아주 조그맣게 쓰여 있는 글씨들까지도 다 외웠다. 이번에는 어떻게 외워볼까, 어떻게 외워야 더 잘 외워지나 하는 게 항상 내 고민이었다. 요령껏 시험에 잘 나오는 부분 위주로 외우고 문제를 많이 푸는 건 나와 맞는 스타일은 아니었다.

부모님도 이때까지는 공부에 대한 기대가 하나도 없으셨다. 중학교 갈 때가 다 되어서도 수학학원을 안 보냈을 정도였으니까. 중학교 입학을 앞두고 수학학원을 처음 가게 된 것도 이제는 중학교 공부를 조금은 해놓는 게 좋지 않을까 싶어서, 때마침 친한 친구가 동네에 조그만 수학학원을 같이 다니자길래, 내가 보내달라고 해서 다니기 시작한 것이다. 영어학원도 울면서 단어를 외우고 있으니까, 부모님께서 그냥 학원에 다니지 않아도 된다고 하셨는데 끝까지 가겠다고 해서 갔다.

친구들에게는 말하지 않았지만 사실 공부가 조금은 재미있었다. 정확히 말하면 **내가 뭔가를 해내고 있다는 것 자체가 재미있었다.** 그래서 아무도 시키지 않았는데 혼자서 공부를 열심히 했다. 아무도 나에게 "더 열심히 해라"라고 잔소리를 하지 않았기에, 나는 내 페이스를 찾아갈 수 있었다. 이 편안함이 지금의 '나다운 속도'의 시작이었는지도 모르겠다.

반짝이는 별과
어두운 동굴

 공부 스트레스의 가장 큰 원인은 누군가의 기대에 대한 부담감이라고 생각한다. 나에 대한 기대, 부모님의 기대, 주변 사람들의 기대… 내가 시험을 잘 보기를 바라는 사람이 아무도 없다면 스트레스를 받을 일이 있을까?

 한 명 한 명의 반짝반짝한 '기대'는 당사자에게 무거운 부담이 되곤 한다. 사랑하는 사람에게 이런 무거운 짐을 지우기 위해 초롱초롱한 기대를 하는 사람이 어디 있을까.
 한 명 한 명의 초롱초롱한 기대가 합쳐지면 반짝이는 별은 더 눈부셔지는 대신, 그 별을 따라 가는 길은 점점 어두워지고 길어지는 법이다. 어둡고 긴 동굴 속을 한발 한발 나아가 결국에 별을 따낸다고 해도 이미 어둠 속에서 만신창이가 된 마음은 쉽게 아물지 않는다.

중학교 시절 누구도 내게 별다른 '기대'가 없었으니, 별을 따라 어두운 동굴을 헤매야 할 일도 없었다. 그래서 내게 공부 스트레스라고는 하나도 없었다. (고등학교 때도 딱 이정도를 원했는데) 부모님은 내가 시키지도 않는데 공부를 열심히 한다고 늘 자랑스러워하셨다. 사실이었기 때문에 그런 말을 들으면 기분이 좋았다.

시험의 결과도 오로지 나의 몫이었다. 시험을 잘 봐서 제일 기쁜 것도 나였고, 제일 속상한 것도 나였다. 나보다 더 기뻐하거나 속상해하는 사람이 없었다. 그런 게 묘한 편안함과 안정감을 주어서 좋았다.

지금 생각해 보면, 그때 그 순간이 참 소중했다. 아무도 시키지 않았는데 시간 가는 줄도 모르고 공부했던 순간. 옆에서 누가 하지 말라고 해도 "안 돼, 할 거야!" 하던 그 순간들 말이다.

하지만 고등학교의 분위기는 중학교와 완전히 달랐다. '아무도 시키지 않는 분위기'가 더 이상 유지되지 않을 곳임이 충분히 느껴졌다. 별처럼 반짝이는 기대와 어두운 동굴을 걸어나가야 할 부담을 함께 떠안고 가야 할지 모른다는 예감이 들었다.

 반에는 심지어 아는 친구가 단 한 명도 없었다. 소심한 나에게는 아주 큰 위기였다. 이미 친해진 것처럼 보이는 친구들 사이에서, 말 한마디 걸기가 무서웠다. 다행히 용기를 내어 한 친구와 친해졌고, 점차 다른 친구들과도 가까워졌다. 그런데 그 과정에서 몇 가지 알게 된 사실이 있었다.

 '우리 동네에 이렇게 많은 중학교가 있었다니.'
 '다른 친구들은 벌써 중학교 때부터 고등학교 선행을 꽤 많이 하고 왔잖아.'

 난 우물 안 개구리였다.

 부족함을 느낀 채 고등학교 첫 시험은 나름대로 열심히 준비했다. 처음으로 야자를 해봤는데, 집에도 마음대로 못 가고 책상에 틀어박혀서 공부해야 하는 것이 답답하기는 했지만 그래도 친구들이랑 같이 늦은 밤까지 열심히 공부해 본 것이 처음이라 조금은 재미있었다.

첫 중간고사 결과는 반에서 3등, 전교 30등 정도였다. 과학 3등급, 사회 4등급. 처음 받아보는 등급에 조금 속상했다. 중학교 때는 아무리 망한 것 같아도 막상 성적을 받으면 생각보다 괜찮았었는데, 이제는 망했다는 생각이 들면 진짜로 망하는 거구나 싶었다. 여태 비좁은 우물 안에서 우쭐대며 살았었다는 것을 다시 한번 깨달았다.

우리 반 1등은 영서였고, 심지어 전교 1등이었다. 난 영서가 공부하는 걸 옆에서 보면서 도저히 영서처럼은 공부할 자신이 없다고 생각했다. 꼭 영서가 아니더라도 나보다 훨씬 더 열심히, 열정적으로 공부하는 친구들을 보며 '나는 저렇게까지는 공부할 수 없을 것 같은데.'라는 생각도 들었다.

그래서 나는 첫 시험 이후로 공부를 더 치열하게 할 생각보다는 그냥 현실을 받아들이고 지금 상태만이라도 유지하자고 생각했다. 내가 다른 친구들보다 뛰어나게 머리가 좋은 것도 아니었고, 선행을 많이 하지도 않았고, 잠도 더 많이 자고, 핸드폰 게임도 열심히 했었기 때문에 친구들보다 더 좋은 성적을 받을 이유가 없었다. 오히려 내 성적에 1, 2등급이 있다는 것이 신기하다면 신기한 것이었다. 다들 열심히 하는데 나만 더 좋은 성적을 받는다는 것이 당연한 일은 아닌 것 같았다. 어쨌든 그렇게 자의 반 타의 반으로 좋은 성적에 대한 욕심은 어느 정도 내려놓게 되었다.

나에게 지워질 부담감이 싫었던 것도 사실이다. 자책하고 후회하면서 스스로에게 부담감을 지우고 싶지는 않았다. 부담감을 가진다고 공부가 더 잘될 것 같진 않았고, 내가 할 수 있는 것 이상의 것을 바라게 되었을 때의 막막함을 견디고 싶지도 않았다. 공부 자체보다 나를 더 피곤하게 만드는 해결되지 않는 복잡한 생각들에 둘러싸이고 싶지도 않았다.

'부담감은 꼭 필요한 걸까. 내가 할 수 있는 만큼의 선에서 최선을 다하면 되지 왜 더 큰 것을 바라면서, 더 빠르게 앞서 나가기를 바라면서 힘들어해야 할까. 왜 다들 더 치열해지려고 할까. 그 힘든 시간을 견디고 얻을 수 있는 것이 도대체 뭘까. 좋은 대학교에 가서 더 좋은 직장에 취업하고 더 나은 삶을 사는 것? 그게 정말 행복한 삶일까. 내가 바라는 삶일까.'

'그래, 이왕에 기나긴 여정을 시작하는 거 열심히 나아가는 것이 좋겠지. 어차피 가야 하는 길이라면 조금은 가벼운 마음으로 나아가고 싶어. 처음부터 뛰어갈 필요도, 무거운 장

비를 짊어지고 나아갈 필요도 없이 한 발짝씩 느리지만 오늘도 내일도 꾸준히.'

  그때의 나는 공부에 대한 열망을 불태울 필요성을 느끼지 못했다. 하루하루를, 최선을 다해 보내기 위한 적당한 부담감 정도만으로도 충분하다고 생각했다. 조금 느리더라도 그저 지금 나에게 주어진 일에 최선을 다하는 것. 쉬고 싶을 때는 쉴 수 있는 것. 그게 내 하루하루의 목표였다.

좋은 대학 못가면 인생 망하는 거야!?

 부담감을 피해 현실을 쉽게 받아들이려고 했던 나와는 다르게 부모님께서는 내 고등학교 성적에 큰 충격을 받으셨던 모양이다. 부모님과 나 사이에 공부로 인한 갈등이 점점 생겨났기 때문이다.

 중학교 땐 부모님께서 적어도 공부만큼은 항상 내가 스스로 잘할 수 있을 것이라는 믿음을 가지고 계신다는 것이 느껴졌다. 그 믿음이 무너질 수도 있다는 생각은 해본 적이 없었는데, 고등학교 성적표를 받으면서부터 그 믿음이 무너지기 시작했던 것 같다. 내 성적보다도 **나에 대한 그 믿음이 무너지고 있다는 사실이 나에게는 크나큰 충격**이었다.

성적이 떨어진 이후로는 부모님과 나 사이에 오가는 말들부터 모든 것들이 달라졌다. "괜찮아. 잘할 거라고 믿어."라는 말 대신에 "잘하고 있는 거지? 오늘 공부 많이 했니?"라는 말이 먼저 들려왔다. 내가 알던 엄마 아빠가 아닌 것 같았다.

왜? 중학교 때도, 고등학교 때도 나름대로 열심히 공부했다는 사실은 변함이 없었다. 달라진 것은 고등학교에 들어왔다는 것과 중학교 때보다 성적이 조금 낮아졌다는 것뿐이었는데, 도대체 그 성적이 뭐길래 엄마 아빠가 이렇게 변한 건가 싶었다.

'성적이 왜 그렇게 중요한 건데? 좋은 대학에 못 가니까? 좋은 대학에 못 가면 인생이 망하는 거야?'

사실 이런 질문을 부모님께 직접 해본 적도 없고 비슷한 얘기를 부모님께서 나에게 해준 적도 없다. 그래서 그냥 끝까지 물음표로만 남아있는 질문이기도 했다. 수많은 물음표가 내 머릿속에 떠돌아다닐 뿐이었다.

부모님께서 걱정하는 것은 어떻게 보면 당연한 일이기는

했다. 좋은 성적에 대한 욕심을 버리려고 했던 내 마음가짐이 나를 항상 지켜보시던 부모님께도 당연히 느껴졌을 거였다. 하지만 좋은 성적은 아니지만 공부 자체에 대한 욕심은 아직 있었고, 열심히 공부하기를 포기한 것도 아니었다. 나도 나름대로 할 수 있는 만큼의 최선을 다하려고 노력하고 있었는데, 그런 노력은 당연한 것으로 여기고 자꾸 더 많은 것을 요구하려고 하는 부모님이 너무 부담스러웠다.

부모님의 말과 행동이 내 미래를 진심으로 걱정하고, 잘 살기를 바라는 마음에서 나온 것이라는 것을 머리로는 알았다. 고등학교 성적으로 대학교가 결정되는 것도, 지금 받는 성적이 어찌 되었든 내 인생에 큰 영향을 미치리라는 것도 알았다. 하지만 **공부가 진짜 더 나은 삶을 위해 필요한 것이 맞는지에 대한 확신**이 없었던 내 입장에서는 부모님이 잘 이해되지 않았다. 모두가 열심히 하고 있는데, 그중에서도 더 높은 성적을 받아오기를 바라는 것이 자꾸만 버겁게 느껴졌다.

'내가 받은 성적과 등수가 절대 당연한 것이 아닌데 나보다 시험을 잘 본 친구들도, 조금 못 본 친구들도 다 열심히 했는데 왜 이 정도는 당연하게 생각하고, 다음에는 무조건 더 잘 봐야 한다고 어떻게 그렇게 쉽게 얘기하는 거야?'

여태껏 다른 친구들을 이기기 위해 공부한 것은 아니었다. 그런데 마치 성적이 전부라는 것처럼 얘기하는 부모님의 모습에 점점 혼란스러워졌다. 중학교 때처럼 누군가의 기대나 의무감 때문이 아닌 스스로 열심히 공부할 때가 가장 좋았고, 다시 그때처럼 공부할 수 있기를 바랐다. 그런데 내 바람과는 달리 부모님의 기대와 걱정에 점점 더 힘들어지기만 했다.

'일부러 스트레스를 주려고 그러는 것이 아닐까' 하는 생각이 들 때도 있었다. 독서실에 간다고 말했는데도, 진짜 갔는지 확인하려고 독서실에 전화를 거는 것도 싫었고, 학교나 학원에 전화해서 내 성적에 관해 묻는 것도 싫었다. 내가 싫어하는 거 다 알면서 막상 내가 화내면 나만 말을 안 듣는 이상한 애라고 얘기하는 것도 싫었다.

"제발 좀 그만해. 내가 할 수 있는 이상의 것을 해내야 한다는 압박감을 주려고 하지 마. 그냥 나를 믿어주면 안 돼? 나도 정말 열심히 하고 있어."

아무리 얘기해도 들어주지를 않았다. 일부러 독하게 마음먹고 애써 무시를 한 건지, 아니면 그저 사춘기 아이의 반항

심에서 나온 말이라고 가볍게 생각한 건지는 모르겠다. 벽에 대고 얘기하는 기분이었다. 당시에는 이해 안 되는 것들 투성이였다.

오늘은 공부
열심히 했니?

　독서실에 갔다가 집에 조금 일찍 들어온 날이면 오늘은 왜 이렇게 일찍 들어왔냐는 질문이 항상 먼저 돌아왔다. 진짜 이유가 궁금해서 물어보는 것은 아니었던 것 같다. 나름의 이유를 대면서 열심히 설명해 봐도 항상 대답은 똑같았다. "그러면 내일은 더 열심히 해야겠네." 그 말은 꼭 오늘의 내가 부족했다는 것처럼 들렸다. "아니야. 나 오늘도 열심히 했어." 아무리 얘기해도 내 말이 받아들여지지 않는다는 것이, 아무도 내 말을 믿어주지 않는다는 것이 너무 답답했다.

　시간이 지나고 나서부터는 대답을 대충 하기 시작했다. 어차피 궁금해서 물어보는 것도 아니고, 돌아오는 대답도 항상 하던 그 말일 텐데 열심히 대답해서 뭐 하나 싶었다.

  가장 이해할 수 없었던 것은, 그러면서도 다른 사람들을 만나면 아직도 내가 스스로 공부하는 것이 자랑스럽다는 얘기를 하셨다는 거다. 옛날에는 나름 뿌듯했던 그 말이 이제는 가장 듣기 싫은 말이 되었다.
  '이제 아니잖아. 이제 나 못 믿잖아.'

  성적? 등수? 잘 받으면 좋은 것은 맞지만, 그렇다고 그게 전부는 아니라고 생각했고 지금도 그렇게 생각한다. 모두 다 열심히 하는데 고작 숫자 하나로 모든 것을 이야기하려는 것이 잘 와닿지 않았다.

  '좋은 대학을 가기 위해 그 숫자들이 얼마나 중요한지는 알겠어. 근데 엄마아빠까지 나를 숫자로 판단하면 어떡해.'

  과정의 시간과 노력들은 궁금해하지도 않으면서 그 숫자가 마치 전부인 것처럼 그 숫자 하나에 나를 대하는 태도가 달라진다는 것이 이상했다. 나도 마음이 있고, 생각이 있는 사람인데, 나를 나라는 사람이 아니라 숫자로 보려는 것이나 다름없게 느껴졌다.

  지금 생각해 보면 부모님도, 나도 서로의 의견만 내세우느라 정말 서로에 대해 깊게 이해해 보려고는 하지 않았던 것 같다. 나도 부모님이 성적을 중요시한다는 것을 알면서도, 왜 성적을 이렇게까지 중요하게 생각하게 되었는지, 좋은 대학에 가면 어떤 인생을 살 수 있다는 건지, 좋지 않은 성적으로 졸업했을 때의 어떤 점이 그렇게 걱정되는 것인지는 제대로 물어보거나 생각해 보려 하지 않았다. 분명 부모님도 나름의 이유와 명분이 있었을 것이다. 내 미래를 위해, 부담감 때문에라도 내가 공부를 더 열심히 하게 만들기 위해 그랬을 수도 있다.

 하지만 어찌 되었든 고등학교 시절의 나에게 공부 자체보다도 더 힘들었던 것은 부모님의 걱정과 기대, 부모님과 나 사이를 가로막는 커다란 벽이었다. 부담감 때문에 스트레스를 받으면서 공부하고 싶지는 않다. 스스로 뭔가를 해내고 있다는 것이 좋아서 시작했던 공부였는데, 점점 공부에 대한 부담감과 스트레스가 커져만 갔다. 왜 이렇게 스트레스 받으면서 공부해야 하는 건가 여전히 알 수 없었다. 분명히 공부 자체가 싫지는 않았는데, 그 주변의 상황들이 너무 싫어서 공부까지 싫어지려고 했다. **누군가가 공부는 불행한 것이라고 정의 내리고 일부러 그런 상황으로 만들어가려고 하는 것 같았다.**

내가 뭔가를 해낼 수 있는
사람이 맞긴 한 걸까?

 고등학교 내신 공부는 하면 할수록 더 어렵게만 느껴졌다. 나와는 잘 맞지 않는 것 같았다. 나는 공부하는 속도가 친구들보다 느린 편이었다. 중학교 때 그랬던 것처럼 전부 외우면서 공부하는 것을 좋아했기 때문이다. 그렇다고 해서 친구들보다 더 빨리 잘 외우는 건 아니었다. 한 페이지 한 페이지 외우는 데 시간이 정말 오래 걸렸다.

 그런데 1년 동안 중간고사, 기말고사를 총 4번, 방학을 제외하면 거의 두 달에 한 번씩 내신 시험을 봐야 했다. 중간중간 수행평가도 과목마다 있었고, 학생회 활동, 동아리 활동도 계속 있었다. 시간이 너무 부족했다. 도대체 이 많은 것들을 어떻게 다 해야 하나 싶다가도 그래도 다른 친구들도 다하는데 나도 해봐야지 싶어서 열심히 해보려고 했던 것 같다.

주어진 일을 다 열심히 하고 싶었는데, 그렇게 하기에는 시간이 부족했다. 시험 기간이 되면 항상 친구들보다 한참 뒤쳐졌다는 생각이 들었다. 영서 같은 친구들은 벌써 시험 범위를 몇 회독씩 끝내고 기출 문제를 보고 있는데, 나는 아직도 1회 독도 못 끝내서 헤매고 있었다. 빨리 1회 독이라도 끝내야 하는데 그렇다고 해서 대충대충 넘어가지도 못하겠고 완벽에 대한 강박과 조급함이 뒤섞여서 내가 너무 답답하게 느껴졌다.

시험 전날까지 1회 독을 못끝낸 과목이 있어서 전날에 밤을 새면, 잠이 부족하니 막상 시험을 볼 때 아는 문제도 이상하게 풀어서 틀렸다.

사실 나에게 시간이 부족했던 이유는 더 있었다. 나는 잠이 일단 너무 많았다. 안 친한 친구들도 나를 '잠 많은 애'로 알고 있을 정도였다. 고등학교 1학년 첫날부터 수업 시간에 자서 친구들이 쟤는 뭐 하는 앤가 싶었다고 했다. 일부러 자려고 했던 것은 아니었는데, 수업을 듣고 있다 보면 너무 졸려서 정신을 차려보면 졸고 있었다. 그러다 보니 학교 수업은 제대로 들을 수가 없었다.

 2학년 때는 더 심각했다. 아침에 등교하자마자 점심시간까지 자고, 점심 먹고 나서 또 학교 끝날 때까지 잤다. 학원에서도 잤다. 도대체 왜 그랬는지 모르겠는데 그냥 너무 졸렸다. 친구들이 맨날 자면서 언제 공부하냐고 물어봤는데 나도 잘 모르겠다고 대답했다. 아마 쭉 자다가 독서실 가서는 공부를 그래도 집중해서 했던 것 같다. 그리고 매일매일 독서실에 가긴 했다. 그나마 공부가 제일 잘 되는 곳이었기 때문이다.

 하지만 독서실에서도 또 다른 문제가 있었는데, 그건 핸드폰이었다. 학교에서는 등교하면 핸드폰을 걷어서 핸드폰을 할 걱정은 없었지만, 독서실에서는 마음껏 핸드폰을 할 수 있었다. 특히 아무도 안 하는 게임을 혼자서 엄청 열심히 했다. 정말 지금 생각하면 왜 그랬는지 모르겠지만 그때는 그게 재밌었다. 의미 없는 유튜브를 보느라 몇 시간을 보낸 날도 많았다.

 이런 식으로 공부를 하나도 안 하고 하루를 보내고 나면 오늘의 내가 참 한심해졌다. 할 게 너무 많은데 오늘도 아무 것도 안했구나. 그리고 '내일은 진짜 공부해야지' 다짐하고

자립을 향한 날갯짓

나서 막상 다음 날이 되면 또 똑같은 하루를 보내고 있었다.

그러다가 정말 시험 2주 전쯤이 되어서야 뒤늦게 발등에 불이 떨어진 채로 시험공부를 시작했다. 안 그래도 느린데 시간이 부족한 게 너무나도 당연했다. 이미 늦었다는 것을 알면서도, 어떻게든 해봐야 했다. 시험 범위가 너무 많게만 느껴졌다. 다른 친구들처럼 시험 범위를 몇 회독씩 공부할 시간은 애초에 없었다. 지금까지 미뤄왔던 것들이 늘 눈앞에 산더미처럼 쌓여있었다. '미리 좀 할걸.'

문제가 있다는 것을 스스로 알면서도 고쳐지지 않는 게 답답했다. 공부를 열심히 하겠다는 욕심은 있는데 막상 행동이 잘 따라주지 않았다. 그러면서 나에 대한 확신 또한 점점 사라져 갔다.
'내가 정말 뭔가를 해낼 수 있는 사람이 맞긴 맞나.'

부모님과의 사이도 점점 더 멀어졌다. 어느새 나는 부모님의 기대에 미치지 못하고 반항만 하는 아이가 되어 있었다. 부모님의 눈에 내가 얼마나 실망스럽게 비칠지 생각하고 싶지도 않았다. 사실은 내 스스로의 기대에도, 부모님의 기대에도, 아무것도에도 미치지 못하는 나 자신이 너무 실망스러웠던 것 같다. 그런데도 자꾸만 더 많은 것을 바라는 부모님이 부담스러워서 그냥 피하고만 싶었다. 나도 열심히 하고 싶은데 열심히 하려고 노력 중인데 마음대로 되는 것은 하나도 없고 부모님과의 관계도, 내 성적도 망가져만 가는 것 같았다.

대치동에서
깨달은 것

　결국 고등학교 2학년 2학기 때 역대급으로 내신을 망쳐버렸다. 매번 보는 내신에 대한 압박감에 이미 지쳐버린 상태였고, 내신으로 뭔가를 해낼 수 있다는 자신감도 바닥이었다. 그래서 3학년 때부터는 차라리 수시를 포기하고 정시에 집중하기로 했다. 내신 압박에서 벗어났다는 것만으로도 조금은 숨통이 트이는 기분이었다.

　내신과는 다르게, 교육청 모의고사는 그런대로 항상 괜찮게 봤다. 물론 1, 2학년 때 보는 교육청 모의고사와 수능이 아주 많이 다를 것이라고 생각은 하고 있었지만, 그래도 내신보다는 더 잘할 수 있겠지 싶었다.

그 무렵, 다인(이 책 3부에 등장하는 친구)이가 먼저 "대치동 학원에 같이 다니자"라고 나한테 제안했다. 사실 대치동까지 가서 학원에 다닐 생각은 전혀 없었다. 그냥 인강을 들으면서 동네 학원에 다니려고 했는데, 다인이가 권유하길래 큰 고민 없이 좋은 게 좋은 거지 하고 같이 다니게 되었다.

대치동에서 주말은 참 길었다. 아침 10시부터 저녁 10시까지 수업이 계속 있었고, 학원을 가는 길은 항상 비몽사몽했다. 주말 아침에 일찍 일어나는 것은 아주 힘든 일이었다. 월화수목금금금의 반복이었다. 그런 비몽사몽 하는 와중에 하루의 끝이 아주 멀게 느껴지면서도 또 수업을 정신없이 듣다 보면 하루가 금방 가 있기도 했다.

학원 강의실은 정말 비좁았다. 좁은 강의실에 많은 학생들이 끼겨 들어가느라 다 같이 좁은 책상에 따닥따닥 붙어서 앉아야 했다. 학생들이 너무 많아서 뒤쪽에 앉으면 앞에서 강의하시는 선생님은 거의 면봉처럼 보였다. 칠판 글씨는 읽을 수도 없고 그냥 하얀색 빨간색 파란색 꾸불꾸불한 선들이 흩날려 있는 것 같았다. 물론 그래서 뒷자리 학생들을 위한 모니터가 교실 뒤쪽에 달려 있어서 실시간으로 강의 내용을 찍어서 보여주었다. 그걸 보고 있으면 내가 인강을 듣는 건지 오프라인 수업을 듣는 건지 알 수가 없었다. 그래도 유명한 선생님이 진짜 내 앞에서 강의를 하고 있긴 하구나 하며 나름대로 열심히 들었다.

강의실은 여름엔 에어컨, 겨울엔 히터를 트느라 환기가 잘 안 되었다. 답답해서 환기 좀 해주었으면 좋겠는데 그걸 말할 용기는 없어서 그냥 가만히 앉아만 있었다. 그러다 고개를 돌리면 옆에서 정말 많은 친구들이 열심히 공부를 하고 있었다. '나는 진짜 졸려 죽겠는데 쟤네들은 별로 졸리지도 않나?' 신기했다. '어떻게 이렇게 졸린 수업을 들으면서 잠이 안 올 수가 있지?' 다인이처럼 밤에 몇 시간 안 자도 낮에 안 졸 수 있는 친구들이 있다는 게 참 대단하다는 생각이 들었다.

다른 학생들을 보면서도 묘한 소속감이 생기긴 했다. '이렇게 다들 열심히 하는구나' 하는 생각에, 나도 자연스레 자극받는 느낌이었다. 학원에서 숙제랑 자료를 끊임없이 주니까 '주어진 대로 따라가면 되겠지'라는 일종의 편안함도 있었다. 하지만 그건 어디까지나 표면적인 기분일 뿐이었다.

실제로는 매주 쏟아지는 자료와 과제를 따라가기도 벅찼다. 이미 오래 다닌 학생들이나 N수생들의 진도는 훨씬 빠르고, 그들과 같은 시험을 보면 격차가 생각보다 훨씬 컸다. "1년만으로는 절대 안 되겠는데…?" 하는 생각이 들기 시작했다.

학원 선생님들은 "내가 너희를 성공시켜 줄 테니 나만 믿고 따라와!"라고 자주 말씀하셨지만, 솔직히 의아했다. 선생님이 나 대신 시험을 봐주시는 것도 아닌데, 결국 공부는 내가 해야 하는 거였다. '학원에서 모든 걸 알려준다 해도, 그걸 제대로 소화할 시간과 체력이 나에게 있을까?' 싶은 걱정이 커졌다. '자료가 많으니 그만큼만 하면 되겠지' 싶어도, 시험은 또 연달아 오고 숙제도 쌓이고… 결국 벼락치기를 반복할 뿐이었다.

오랜 강의 시간과 빡빡한 진도를 소화하려면 엄청난 집중력과 체력이 필요했는데, 나는 일단 졸음이 많고 체력도 한계가 있었다. 원래 '느리더라도 꼼꼼하게 이해하며 넘어가는' 스타일이었는데, 여기선 그런 페이스를 고수하기가 거의 불가능했다. 수업이 워낙 빠른 속도로 진행됐고, 한 번 놓치면 뒤를 따라가기가 힘들었다.

그렇다고 대치동 학원에 간 걸 후회하진 않았다. 최소한,

정시라는 길이 현실적으로 얼마나 힘든 것인지 파악할 수 있었다. 내가 그동안 정시에 대해 안일하게 생각했었다는 점도 깨달았다. 단순히 지금부터 열심히 한다고 해결될 문제가 아니라는 생각이 들었다. 학원에 갈 때마다 매번 보는 시험에서 내 성적과 평균을 비교할 때마다 그 생각은 점점 더 확고해졌다. '1년은 더 해야겠구나.' 1년 더 하면 뭔가 해낼 수 있을 것 같았다. 항상 그랬던 것처럼 시간에 쫓기면서 하는 공부가 아니라, 충분한 시간을 가지고 공부해 보면 어떨까 싶은 생각이 들기 시작했다.

사실 많은 선생님들께서 현역 수능을 보기도 전에 재수부터 생각하면 안 된다고 말씀하셨다. 재수 생각부터 하지 말고 지금 최선을 다하라는 의미였을 것이다. 맞는 말이라는 것은 알지만, 아무리 생각해도 현실적으로 지금부터 공부해서 좋은 성적을 내기는 불가능에 가까워 보였다. 지금의 나는 충분히 준비되어 있지 않다는 생각이 컸다.

그래도 수능인데, 고등학교를 끝마치는 마지막 시험인데, 적어도 수능을 보기 전까지는 시험 범위 안의 모든 내용을 다 안다고 말할 수 있을 만큼 공부해 보고 싶어졌다. 시험 범위가 많긴 해도 끝이 없지는 않았다. 그냥 대충 안다고 넘어가는 것이 아니라, 모든 과목을 완벽하게 공부해 보고 싶다는 욕심이 생기기 시작했다.

　시간을 충분히 가지고, 내가 제일 잘하는 방법으로 조금은 느리더라도 모든 내용을 처음부터 끝까지 꼼꼼히 공부해보고 싶었다. 그동안 시간에 쫓기면서 부족함을 메우지 못했던 과목들도 처음부터 차근차근 다시 시작해보고 싶었다. 단순히 문제를 맞히고 틀리는 것보다는 문제를 푸는 과정에서 거쳐야 하는 사고 과정을 하나하나 이해하고 배울 수 있게 말이다. 그래서 나는 재수를 결심했다. 첫 수능을 보기 한참 전부터였으니 조금 이른 결심이기는 했다.

재수의 목표는
좋은 대학이 아니었다

 재수를 결심한 이후로 마음이 오히려 훨씬 편해졌다. 아직 수능까지 시간이 많이 남아있었지만, 이런 결심에 후회는 없었다. 오히려 지금까지 했던 공부보다 앞으로가 훨씬 재밌을 것 같았다.

 '이제는 조급해하지 않고 나의 속도로 다시 시작해야지.' 내년 수능만큼은 시간에 쫓기지 않고 차근차근 공부해서 시험을 보고 싶었다. 고등학교 생활을 하면서 잃어버렸던 공부에 대한 욕심과 흥미가 다시 생기기 시작했다. 내가 얼마나 해낼 수 있는지 확인해 보고 싶어졌다.

 어차피 재수를 결심했기에 첫 수능은 가벼운 마음으로 보기로 했다. 물론 수능인 만큼 긴장이 되지 않을 순 없었다. 오늘의 내가 할 수 있는 만큼 최선을 다하자는 마음으로 시험을 봤고 결과를 얘기하자면, 나쁘지는 않았다. 적당히 인서울 일반과에 갈 수 있는 점수였다. 아무래도 상관없었다. 어차피 재수를 하기로 마음 먹었으니까. 운이 좋게 조금 더 좋은 점수를 받았더라도 나의 결정은 달라지지 않았을 것이다. 점수와는 상관없이 아직도 나는 모르는 것이 너무 많았고, 여전히 배워야 할 것들이 너무 많았다. 부모님께서는 일단 갈 수 있는 대학에 합격을 해놓고 휴학하라는 조건으로 재수를 허락해 주셨다.

재수의 목표는 결코 대학이 아니었다. 더 이상 모르는 것이 없을 때까지, 모든 내용을 완벽하게 이해할 때까지, 그리고 내가 받을 수 있는 최고의 점수를 받을 때까지 공부하는 것이 목표였다. 결과보다 과정 자체를 의미 있게, 지금의 부족한 부분들을 하나하나 채워가고 싶었다.

마음가짐이 달라지니 이전과는 확실히 다른 태도로 공부할 수 있었다. 공부에 있어서 마음가짐이 얼마나 중요한지 알게 된 경험이었다. 마음가짐 하나로도 달라지는 것이 너무나도 많았다. 정말로.

우선 **공부를 하려는 이유가 나 자신에서 비롯된 것인지, 외부의 요소 때문인지**에 따라 정말 다른 것 같다. 고등학교 때의 나는 공부를 해야 한다는 의무감 때문에, 주변에서 다들 하라고 하니까, 주변 친구들이 다들 열심히 하니까 공부를 했었다. 그런 이유로 했던 공부는 무겁고, 늘 답답했다. 그런데 이제는 정말 내가 스스로 원해서 공부하기 시작했다. 내 스스로의 목표를 이루기 위해서, 나의 부족한 부분을 채우고, 새로운 것을 배우고 이해하는 과정이 좋아서, 내 속도와 방식으로 공부하기 위해 책을 펼치게 되었다. **어른들이 말하는 더 나은 삶이 아닌, 그저 더 나은 나를 만들기 위해서였다.**

　물론 내가 직접 선택한 길이니, 만약 재수가 실패한다면 모든 책임도 내 몫이었다. 그 생각이 약간 무섭기도 했지만, '이제는 남 탓을 하지 않고도 공부를 해보겠다'라는 의지가 더 강했다. 어쩌면 이것이야말로 어른이 되어가는 첫걸음 아니었을까 싶다.

재수생이라
행복해

 재수생 신분은 나에게 생각보다 많은 자유를 허락해주었다. 고등학교 때 내내 이어지던 촘촘한 시간표와 끝도 없을 것 같던 내신 일정에서 벗어나, 이제는 내 시간을 내가 스스로 계획하고, 내 선택에 따라 하루하루를 보낼 수 있게 된 것이다.

 학원을 가기 위해 매일 통학을 하기에는 거리가 꽤 멀어서 학사에 살기 시작했다. 학사는 개인이 운영하는 기숙사 같은 곳인데, 사실 통학하기가 멀다는 건 핑계였다. 솔직히 얘기하자면, 집에서 나오고 싶었다. 집은 여전히 숨 막히는 곳이었고, 늘 부모님의 시선과 기대, 실망, 그리고 '조언'이라는 이름의 잔소리에 시달렸으니까. 이제는 내가 원하는 공부를 누군가의 눈치 없이 하고 싶었다. **'의무감'이 아니라 진짜 하고 싶은 공부를 하려면, 나만의 시간과 공간이 꼭 필요했다.**

그렇게 재수 때는 집에서 벗어났다는 사실만으로도 해방감을 느꼈다. 학원에서 원하는 때에 돌아올 수도 있고, 주말엔 마음껏 늦잠을 자도 눈치 볼 필요가 없었다. 시험 점수가 나와도 눈치를 보지 않아도 되어서 좋았다. 마음의 부담 없이 학원에 다닐 수 있다는 사실 하나만으로도 충분히 자유로웠다.

밤에는 친구와 함께 학사에서 배달 음식을 시켜 먹고, 주말에는 조금 먼 곳의 맛집에도 가곤 했다. 물론 카드 내역 때문에 한 번 걸려서 스트레스를 또 엄청 받긴 했었지만, 그렇다 해도 그런 순간들이 내게는 커다란 해방감이었다. 하루하루 반복되는 삶 속에서 이런 작은 휴식이 나를 충전시켜 주는 소소한 행복이었다. 부모님 입장에서는 핑계처럼 보였을 수도 있지만, 오히려 이런 여유가 공부에 더 집중하기 위한 자양분이 된다고 생각했다.

부모님과 나 사이의 생각 차이는 고등학교 내내 점점 더 커져, 이제는 더 이상 좁힐 방법이 없을 정도가 되었다. 나는 여전히 내 행동에 지나치게 관여하고 예민하게 반응하시는 부모님에게서 벗어나고 싶었다. "이건 네 미래를 위해 하는 말이야."로 시작되는 모든 대화가 지겨웠다. 대화로 문제를 해결할 수도 있었겠지만, 그 시절의 나에겐 그럴 의욕도 남아 있지 않았다. 부모님이 바라는 내 모습과 진짜 나에게 어울리는 모습이 너무 달라 보였다. 학원에 다니며 매일 밖에 나와 있는 것만으로도 오히려 정신적 해방감을 느낄 수 있었던 이유다. 내게 학원은 집보다 더 자유로운 공간이었다.

 물론 단순히 '자유만 누리는' 재수생이 될 수는 없었다. 자유에 대한 책임 또한 온전히 나의 몫이었기 때문이다. 스스로 행동하지 않으면 재수를 결심한 의미가 없었다. 그래서 고등학교 2학년과 3학년 때의 실패 경험을 발판 삼아, 새로운 계획을 세워나가기 시작했다.

 사실 고등학교 시절의 나는 남들이 하는 대로 따라가는 데 익숙했다. 주변 친구들이 다니는 학원을 따라다니고, 학원 숙제와 내신 일정에 이리저리 끌려다니면서 눈앞의 일들을 해결하기에만 급급했다. 하지만 이렇게 주어진 일에 매몰돼 있다 보면 내가 어떤 방향으로 가는지를 고민하지 못하게 된다. 하루하루 '버티기'에만 집중하느라, 진짜로 내가 원하는 길을 찾아보려는 생각조차 못 했던 거다.

그러다 재수를 시작하면서, 공부 방향성과 계획에 대해 차분히 고민해 보기로 했다. '남들이 정해주는 길이 아니라, 내 속도대로, 내가 제일 잘할 수 있는 방식을 찾아가 보자.' 다시는 반복되는 일정에 휩쓸려갈 뿐인 수동적 공부를 하고 싶지 않았다.

처음 생각한 대로, '모든 과목을 다시 처음부터 차근차근 채워나가자'라는 1년 계획을 세웠다. 조금 느리더라도 수능 전까지 하고 싶은 것들은 끝내보겠다는 거였다. 거창한 건 아니었다. 예를 들면 "수특, 수완, 기출을 수능 전까지 3회 독 하려면 석 달 안에 1회 독을 마치자" 같은 작은 목표들. 그래도 이렇게 대략적인 방향이 있으니, 하루하루 조금 밀리거나 달라져도 결국 조급해하지 않고 내가 원하는 궤도를 이어갈 수 있었다. 주변과의 비교가 아니라, 내가 세운 목표를 믿고 걸어가는 힘이 점점 생겼다.

가장 고민이 되었던 건 과탐 과목 중 지구과학이었다. 현역 때 화학을 하다가 재수 때 과목을 바꿨기 때문에, 거의 맨땅에서 다시 공부해야 했다. 처음엔 막막했지만, 곰곰이 생각해보니 결국 내가 제일 잘하는 방법으로 해보면 되겠다는 결론이 섰다. 중학교 때처럼 책 한 권을 외우는 무식한 방식이었지만, 그래도 내게 가장 익숙한 길이었다.

친구들이 3회 독을 끝낼 시간을 나는 1회 독도 못 끝냈지만, 이전처럼 조급해하지 않았다. 여러 권을 빠르게 보느니, 한 권을 완벽하게 이해·암기하는 게 내게 더 잘 맞았다. 이렇게 지구과학 한 권을 완벽히 끝냈을 때 느낀 뿌듯함과 성취감은 정말 말로 표현하기 어려울 정도였다.

다른 과목들도 마찬가지였다. 한 번 틀린 문제는 몇 번이고 다시 풀면서, 그래도 한 번 더 확인해 보고, 다른 각도의 접근법도 익혀보았다. '시험에 나오는 개념은 유한하고, 결국 어려워 보이는 문제도 같은 개념의 변형이'라고 믿으니, 생각보다 공부에 재미를 느꼈다. 이젠 '남들이 몇 시간 공부했다', '수십 회독했다' 같은 숫자에 휩쓸리지 않고, 나만의 페이스대로 꼼꼼히 채워나가는 과정 자체를 즐길 수 있었다.

사실 내신 준비 때는 '남들보다 느리고, 완벽함을 추구하다 보니 시험 범위를 다 못 끝낸다'기 기다란 문제였는데, 정시에선 이것이 오히려 장점처럼 작동하기도 했다. 시간을 들여한 번 배운 개념을 철저히 내 것으로 만들어가면서, 또 그만큼의 성취감을 맛볼 수 있었다. '이게 나와 맞는 방식이구나'를 깨닫는 순간들이 쌓이면서 공부가 점점 괴롭지 않아졌다.

어쩌면 이런 방식이야말로 부모님의 기대에서 진정으로 '벗어나는' 길이었는지도 모르겠다. **부모님과 사회가 요구하는 '빨리, 더 많이, 완벽하게'가 아니라, 내가 정한 속도와 집중도로 공부해 나가는 것. 내게 주어진 자유를 활용해, 내가 정말로 배우고 싶은 만큼 공부하는 것. 그건 나를 짓누르던 압박에서 벗어나는 작은 독립이었다.**

그렇게 나는 재수 생활에서 '진짜 공부'의 의미를 조금씩 찾아가고 있었다. 물론 힘든 날도 많았고, 완벽하지도 않았다. 하지만 이번만큼은, 성적을 위한 억지 공부가 아니라 '내가 원하는 공부'라는 사실 하나만으로도 매일매일 조금씩 성장해 나갔다.

나 지금 잘하고 있는 거야?

 학원에서 수업을 듣다 보면 선생님들께서 학생들에게 다양한 조언을 많이 해주신다. 공부에 대한 태도, 시험장에 가서 가져야 할 마음가짐, 잠을 이기는 법 등등. 어려운 문제들을 척척 풀어내시는 선생님들께서 해주시는 조언은 아직 갈피를 잡지 못한 학생들에게 나아갈 방향을 제시해 주기도 하고, 자기 확신을 가지지 못한 학생들에게 잘하고 있다는 격려의 메시지를 전달해 주기도 한다.

 길을 헤매고 있을 때 누군가가 '이쪽으로 가면 돼.'라고 말해준다는 건 참 의지가 되는 일이었다. 하지만 그런 조언들을 마냥 듣고만 있다고 해서 그게 진짜 내 것이 되는 것은 아니다. 스스로 계속 고민하고 직접 실천해 보려고 노력했던 것들만이 기억에 남는다. 이미 습관이 되어버린 태도를 바꾸기는 쉽지 않아서 내가 스스로 의지와 믿음을 가지고 바꾸려고 노력할 때야 아주 조금씩 바꿀 수 있다.

  그때 들었던 수많은 조언들 중 진짜로 내 기억 속에 깊이 남은 것은 몇 개 없다. 그중에서 가장 기억에 남고 아직까지도 내 삶의 태도 중 하나로 간직하고 있는 말이 있다. 재수학원에서 한 선생님이 해주신 말씀이었는데,

"지금 공부하고 있는 것들이 눈에 보이지 않는다고 해서 없어져 버리는 게 아니야. 너희 머릿속에 차곡차곡 쌓여있어. 언젠가는 그 작은 하나하나가 모여 빛을 발할 거야. 걱정하지 마!"

  이 말을 듣고 처음 한 생각은 '내가 지금 하고 있는 게 잘못된 게 아니구나.'라는 생각이었다. 다행이었다. 내가 잘못하고 있던 게 아니라서. '하나씩 하나씩 해내다 보면 그게 모여서 커다란 결과를 얻을 수 있는 거구나.' 매일매일 공부하고 있는 게 어디로 없어져 버리는 게 아니라 내 안에 다 남아있는 거였다. 하루하루가 쌓여 내가 되는 거였다. 의미 없는 공부란 없었고, 잘하고 있는지 매번 걱정할 필요도 없었다.

이 말이 다른 어떤 말보다 마음속에 들어왔던 또 다른 이유는 누군가에게 한 번쯤 꼭 듣고 싶었던 말이었기 때문이다. 뭔가 그동안 살면서 처음 들어보는 **내 작은 한 걸음 한 걸음을 인정해 주는 말**처럼 느껴졌다.

'결과보다 중요한 건 과정이야. 그런 의미에서 넌 지금 정말 잘하고 있어!'
그래서 이때부터는 내가 하고 있는 공부에 확신이 생겼다. '걱정하고 불안해하기보다는 일단 시작해 보자.' 지나가는 성적에 연연하지 않고 나를 좀 더 믿을 수 있게 되었다.

학원에서 중간중간 보는 시험들이 있었다. 성적이 괜찮을 때도 있었고, 안 좋을 때도 있었다. 성적이 잘 나오면 물론 좋았지만, 성적이 안 좋을 때도 기분이 나쁘거나 불안하지 않았다. 부족한 부분은 하나하나 채워가면 되니까. 하루하루 내가 발전해 나가고 있다는 것을 믿을 수 있었기 때문에 하루하루가 기대되었다. **아무도 믿어주는 사람이 없었는데, 드디어 내가 나를 믿어줄 수 있게 되었다.**

인정할 건 인정하자

 조금 솔직해져 보자면, 공부에 대한 욕심이 다시 생겼다고 해서 갑자기 하루아침에 그동안의 습관이 바뀐 것은 아니었다. 공부를 시작하려고 하면 여전히 잠이 쏟아지고, 유튜브와 핸드폰 게임을 하고 싶어지는 마음은 계속 남아 있었다. 이전에도 이런 습관들을 바꿔보려고 노력하지 않은 것은 아니었기에, 과연 이번에는 바꿀 수 있을까 걱정이 되었던 것도 사실이다. 하지만 이번에는 정말로, 어떤 형태로든 변화가 필요했다. 이미 흘러버린 시간을 또다시 뒤늦게 후회하고 싶지는 않았기 때문이다.

 재수학원을 다니면서는 습관을 잡기에 좋은 환경을 주변에서 모두 만들어주었기 때문에 어려운 것이 많지 않았다.

학교에 가듯이 아침에 일어나서부터 밤늦게까지 매일 학원에서 하루를 보냈다. 핸드폰도 제출했으니, 문제의 거의 대부분은 해결된 셈이었다. 역시 사람에게는 환경이 중요하구나. 뭔가를 이루고자 한다면 가장 최적의 환경을 만드는 것 또한 중요한 요소 중 하나라는 것을 알게 되었다.

한 가지 남은 문제라면 쏟아지는 잠이었는데, 이건 정말 도저히 해결할 방법이 없었다. 앉아 있으면 당연히 졸렸고, 일어나서 공부하려고 해도 일어나서 졸았다. '겨울잠 자는 곰도 아니고 도대체 왜 그러니! 그래도 잠을 자면 체력이라도 회복할 수 있으니 핸드폰 하는 것보다는 차라리 자는 것이 낫겠다.' 생각하면서 이 부분은 모르는 척 넘어가기로 했다.

그렇게 잠을 제외하면 그래도 이전보다는 순조로웠던 재종반 생활이었다. 이 상태로 지속되었다면 좋았을 텐데, 그때쯤 전 세계적인 재난이 일어났다. 코로나19가 대유행하기 시작한 것이다. 코로나19로 인해 학원도 문을 열지 못하게 되었고, 나는 학원에서 나눠주는 강의 영상과 자료를 정말 오로지 혼자서의 힘으로 풀어나가야 했다.

문제는 아침잠과 핸드폰…! 재종반을 다니면서 자연스럽

게 해결되었던 그 문제들이 다시 수면 위로 떠올랐다. '이러면 안 되는데!' 누군가는 그냥 정신 차리고 아침에 일찍 일어나서 핸드폰 꺼두고 공부하면 되는 거 아니야? 라고, 생각할지도 모르겠다. 하지만 말로는 쉬운 그것이 행동으로 옮겨지지 않는 사람도 있다. 나처럼!

정말 고민도 많이 하고, 이런저런 방법도 많이 써본 것 같다. 1번, 알람 5분마다 맞춰 놓기=다 끄고 잤다. 2번, 아침잠 많은 다른 친구와 같이 서로 일어나면 깨워서 독서실 가기=둘 다 늦잠 자서 점심때 겨우 일어났다. 그냥 늦잠 자는 사람 2명이 될 뿐. 3번, 독서실 미리 결재해서 아까워서라도 일찍 가게 해보기=소용없었다. 방에 핸드폰 두고 나가기, 친구한테 핸드폰 맡기기, 잠금 앱 써보기, 스크린 타임 공유하기… 다 일시적인 효과가 있는 것 같다가도 오히려 보상 심리로 밤에 자기 전에 핸드폰을 더 많이 해서 결국은 다음날에 또 늦잠을 자고… 악순환의 반복이었다. 그래서 다인이처럼 학원 없이도 매일 아침에 일찍 일어나고, 핸드폰도 스스로 조절하는 친구들이 정말 부러웠다.

결국 나에게 가장 잘 맞았던 방법은 그냥 **인정하기**였다. 내가 아침잠이 많고, 핸드폰을 많이 한다는 것을 그냥 인정해

버렸다. 사실 도저히 바뀌지가 않아서 인정해 버린 것이기는 하지만 그냥 받아들이게 낫겠다는 생각이 어느 순간 들었다. 자고 싶은 대로 자고, 핸드폰을 하고 싶은 대로 하자. 속상하지만 그게 어쩔 수 없는 나니까. 그 대신 공부할 때만큼은 자유롭게 시간을 보낸 책임을 지고 누구보다도 집중을 해보자.

 결과는 지금까지의 다른 어떤 시도들보다 좋았다. 이전에는 공부를 하면서도 내가 왜 그랬지, 후회하고 다음에는 또 어떤 방법을 시도해 봐야 하나 고민을 자꾸 하게 되었다. 그러다 보니 안 그래도 부족한 공부 시간에 집중력이 떨어지고, 마음도 너무 불편했다.

 하지만 인정하고 나니 어느 정도 마음이 편해지면서 다른 생각할 시간에 공부에 더욱 집중해야겠다는 생각이 커졌다. 스톱워치를 켜고 순 공부 시간을 재보기도 했다. 스톱워치가 켜져 있는 동안에는 다른 생각은 하지 않고 공부에만 몰입하기로 마음을 먹고. 공부를 하다가 나도 모르게 다른 생각을 하거나, 졸았을 때는 그만큼의 시간을 제외하고 기록했다.

 하루 종일 책상에 앉아 있던 시간에서 순 공부 시간을 빼서 휴식 시간도 계산했다. 막연하게 적을 것이라고 생각만 했던 순 공부 시간을 직접 눈으로 확인하니 정말 심각했다. 기록을 다시 펼쳐보니, 9월 평가원 모의고사 시험 전 일주일 평균 순 공부 시간이 대략 5시간 30분 정도가 나왔다. 수능 한 달 전 일주일도 마찬가지로 5시간 30분 정도 했었다. 하루종일 앉아있으면서 무려 5시간 30분… 그것도 강의 영상 보는 것까지를 포함해서…

 공부시간 조절하는 것이 어려운 친구들이라면 이렇게 스톱 위치로 시간을 기록해 보는 것도 좋은 방법이다. 스스로 칭찬할 수 있는 날과 반성해야 하는 날이 기록으로 한 눈에 보이면 나의 상황이 더욱더 현실적으로 와닿기 때문이다.

 다행이라면 다행하게도 나는 잠을 자거나 핸드폰을 하더라도 책상 밖으로 벗어나지는 않았다. 움직이기 귀찮아서 그랬던 것 같다. 평균적으로 하루에 책상 앞에 10시간 정도를 앉아 있었으니, 결국은 책상에 앉아 있던 시간의 절반은 공부, 절반은 딴짓을 한 셈이었다. 순 공부 시간만 비교하자면 다른 친구들보다 한참 부족했던 것이 사실이다. 그런데도 성적은 다행히 유지가 되었다.

 결국은, 공부 시간이 전부가 아니었다. 중요한 것은 내가 몰입할 수 있는 환경에서 최대한의 공부 효율을 이끌어내는 것이었다. 나 같이 공부 시간이 절대적으로 부족한 사람에게는 특히나 그건 중요했다.

내가 언제 가장 몰입할 수 있는지 생각해 보면, 충분히 자고 충분히 쉰 후였다. 그래서 공부하다가 졸리면 그냥 잤다. 핸드폰을 하고 싶으면 했다. 오히려 집중도 안 되는데 억지로 붙잡고 있는 것이 효율이 더 떨어졌다. 지나간 시간에 대해 걱정하기보다는 이후의 시간을 더 잘 활용하기로 했다.

하루의 계획을 세울 때부터 계획된 시간 전부를 공부할 수 있을 것이라는 생각도 어느 순간 버렸다. 이전에는 오늘은 진짜 딴짓 안 해야지 하는 생각으로 계획만 잔뜩 세워두었다가 결국은 다 끝내지 못하고 자책하는 날이 많았다. 이 방법이 나에게 잘 맞지 않았던 이유는, 주어진 시간의 전부를 계획 하다 보면 정말 시간이 많은 것처럼 느껴져서 오히려 여유를 부리게 되었기 때문이었다. '시간 많은데 조금만 쉬어도 되지 않을까?' 하고 여유를 부리다가 계획한 일의 절반도 못하는 경우가 많았다. 그래서 애초부터 휴식 시간을 여유롭게 잡아두고 주어진 시간의 절반만 계획을 세웠던 거다.

쉬는 것조차 불안한 친구들에게, 가끔씩은 충분히 쉬어도 괜찮다고 말해주고 싶다.

"너무 힘들면 억지로 붙잡고 있지 않아도 돼. 잠깐 쉬고 다시 돌아와도 괜찮아. 나를 몰아붙이는 것만이 제대로 된 공부는 아니야. 충분한 휴식은 앞으로 남은 시간을 잘 보내기 위해서라도 누구에게나 당연히 필요해. 한순간에 불타오르는 화염보다 은은하지만, 꾸준한 모닥불이 더 따뜻하게 느껴지고 더 오래가듯이. 남들의 속도가 아닌 나의 속도, 나의 호흡으로 나의 모든 최선을 다할 수 있기를."

시험? 그게 별거야?

 수능을 앞두고 마지막으로 모든 과목을 차근차근 다시 한 번 살펴봤다. 그동안 공부해 온 내용들이 하나하나 머릿속을 스쳐 지나갔다. 빠진 것은 없는지, 대충 넘겨버린 것은 없는지 확인하면서 스스로에게 물었을 때, 이 정도면 정말 할 만큼 했다고 말할 수 있을 것 같았다. 그런데도 불구하고 분명히 어딘가에 내가 미처 보지 못한 빈틈이 있었을 것이다. 하지만 이거면 충분했다. 1년 동안 내 나름대로 정말 열심히 달려왔기 때문에. 이제는 더 채우려 애쓰기보다, 나를 믿고 내가 배운 모든 것들을 쏟아낼 차례였다. 불안보다는 확신을 선택하자.

 수능을 준비하면서 가장 도움이 되었던 것은 실전을 익히는 연습이었다. 진짜 시험처럼, 진짜 시험장에서 문제를 푸는 것처럼 비슷한 환경을 만들고 충분히 익숙해져 보는 것이다. 학원에서 매일 시간을 재서 모의고사를 풀고, 성적을 받아보는 것에 익숙해진 덕분에 수능 날에도 평소처럼, 연습한 대로 하면 된다는 믿음이 있었다. OMR 카드에 답을 마킹하는 것, 커다란 시험지 종이를 자연스럽게 넘기는 것, 촉박한 시간 속에서 잘 풀리지 않는 문제에 당황하지 않는 것 등… 사소해 보이지만 이런 작은 하나하나에도 긴장이 되는 것이 수능이므로.

수능장에서의 시간은 평소보다 훨씬 빠르게 흘러가는 느낌이 든다. 평소라면 여유롭게 풀 수 있는 문제도, 수능 날에는 낯설고 긴박하게 느껴질 수 있다. 그래서 시간을 재며 진짜 시험처럼 모의고사를 푸는 연습, 남은 시간을 가늠하면서 문제를 배분해 보는 연습, 잘 풀리지 않는 문제를 붙잡고 있을 것인지 넘길 것인지 판단하는 연습을 해보는 것이 도움이 된다. 중요한 건, 익숙해지는 것. 그리고 주어진 시간 내에 내가 가진 모든 것을 꺼내보는 것이다.

또 수능 날에는 마인드 컨트롤이 정말 중요하다. 실력만큼이나 중요한 것이 마음의 중심을 잡는 것이다. 실제 내 실력과는 관계없이, **수능 날만큼은 내가 최고**라고, 내 머릿속에 시험에 나올 모든 것이 들어 있을 것이라고 생각하는 것이 도움이 된다. 배운 대로만 하면 돼. **내가 못 푸는 문제는 다른 사람들도 다 못 풀 거야.** 자만하게 들릴 수도 있지만, 나는 그렇게 긴장을 풀었다. 결국, **시험장에서 가장 강한 사람은 가장 많이 아는 사람이 아니라, 자신을 끝까지 믿을 수 있는 사람**이다. 순간순간 불안한 마음이 들어도, 태연하게 넘어가려고 노력해 보자. 그 시간만큼은 여기서 내가 1등이라는 생각으로 자신감을 가져보자.

  사실 말은 이렇게 했지만, 나조차도 수능 날이 그리 평탄하지만은 않았다. 수학 시험이 끝나는 종이 울렸을 때였다. 시험지가 걷어지기 전에 펜을 내려두고 시험지를 바라보고 있었다. 그런데 그 순간, 이상하게 눈에 걸리는 숫자가 있었다. 30번 문제였다. 다시 한번 천천히 풀이를 따라 내려가보다가 발견해 버렸다. 마지막에 더하기를 잘못했다는 것을… 다 풀어놓고 더하기를 잘못하다니. 심장이 내려앉는 기분이었다. OMR 카드가 바로 내 눈앞에 있는데도 정답을 고칠 수가 없었다. 지금 고치지 않으면 분명히 틀릴 것을 알면서도 고칠 수가 없었다. 아무리 머릿속으로 나시 계신해 뵈도 틀린 것이 분명했다. 차라리 보지 말 걸. 그냥 모른 채로 지나가는

자립을 향한 날갯짓

것이 나왔을텐데…

  이후 시험에 영향을 주지 않으려고 애써 잊으려고 했던 기억이 난다. '괜찮아, 별거 아니잖아…' 애써 되뇌었지만, 마음 한편에는 당황스러움과 속상함이 남아 있었나 보다.

  이번엔 영어 시간이었다. 어쩐지 평소보다 시간이 너무 빠듯했다. 수능이라 그런가. 그래도 어찌저찌 마지막 문제까지 풀고, 종이 울리기를 기다렸다. 그런데 종이 울리지 않았다. 주위를 보니 다들 여전히 문제를 계속 풀고 있었다. 그제야 깨달았다. 내가 시험 시간을 착각하고 있었구나. 원래 2시 20분에 끝나는 시험인데, 10분에 끝나는 것으로 착각하고 있던 것이었다. 수능 시간에 맞추어 모의 연습을 하면서 나름 시간에 익숙해져 있다고 생각했는데도, 시험 시간을 착각해버린 것이다. 아찔했다. 만약 반대로 착각했다면? 10분 전이 아니라 10분 후로 착각해서 마킹도 못한 채로 종이 울려버렸다면? 상상하기도 싫다.

  별일이 없게 하려고, 평소처럼 익숙한 대로 하려고 노력했는데도 별 일이 다 있었다. 그런 순간 또한 헤쳐 나가는 것이 어쩌면 시험의 일부 아닐까. 완벽하게 준비한다고 해도 예상치 못한 일은 언제든 찾아오고, 그럼에도 흔들리지 않는 것이 결국 가장 중요한 것이니까. 모의고사 연습을 하면서 이런 당황스러운 상황들도 한 번 헤쳐나가 봤으면 좋겠다.

  그렇게 마지막 수능이 끝났다. 끝나고는 정말 끝난 게 실감이 잘 나지 않았다. 그러면서도 후련하고 만족스러웠던 것 같다. 성적이 어떻든 간에, 나는 정말 최선을 다했다는 생각이 들었다. 사실 특별히 의대가 목표였던 것도 아니었기 때문에, 성적이 조금은 아쉽게 나오더라도 삼수까지 할 생각은 없었다. 이미 나는 후회 없는 1년을 보냈고, 그 자체로 의미가 있었다. 매일 같은 자리에서 공부하고, 수많은 모의고사를 치르고, 고민하고, 불안해했지만 끝까지 포기하지 않았던 시간들이 떠올랐다.

  결과는 생각보다 좋았다. 마음 한편이 조금 가벼워지면서 내가 해냈다는 성취감에 기뻤다. 긴 여정이 무사히 마무리되었다는 안도감에 좋았다. 1년을 후회 없이 잘 마무리했다는 것. 그것만으로도 충분히 뿌듯했다. 나에게 많은 변화를 주었던 소중한 시간이었다. 앞으로 또다시 시작되는 여정이 더욱 힘들지도 모르지만, 무엇이 되었든 잘 해내면 된다는 생각이 들었다.

에필로그
: 꿈은 꼭 직업이어야만 하나요?

언젠가 한 번은 꿈에 대해 생각을 해보았다. 나는 고등학교 때도, 재수할 때도 하나의 직업을 꿈으로 가져본 적은 없다. 그냥 좋아하는 사람들과의 행복한 삶이 내 꿈이라면 꿈이었다. **꿈은 꼭 어떤 직업이어야만 하는 걸까? 어떤 일을 할 것인지보다는 어떤 삶을 살 것인지가 항상 내겐 더 중요한 문제였다.**

예를 들면 의사로서 부와 명예를 누리는 삶보다 친구들, 가족들과 웃으면서 행복한 하루를 보낼 수 있는, 평범하지만 따뜻한 일상이 나에겐 더 행복할 것 같았고 그게 내가 바라는 삶이기도 했다.

어쨌든, 그래서인지 대학 입시에서도 특정한 학교나 학과에 대한 목표를 가지기보다는 그냥 어딜 가든 난 괜찮을 것이라고 생각했다. 아예 잘 맞지 않을 것 같은 분야만 아니라면 어느 곳이든 나름대로 적응을 잘할 수 있을 것 같았다. 사실 나는 이과였기 때문에 이과 중에서 자연과학 분야만 아니면 괜찮을 것 같다는 생각이었다. **무엇을 하든, 어떤 길을 가든 결국 중요한 것은 그 일을 대하는 마음가짐일 것이라고 생각했기 때문이다.**

행복하기만 한 직업도, 불행하기만 한 직업도 없는 것처럼 모든 길에는 어려움이 있고, 동시에 즐거움도 분명히 있을 것이다. 그러니 무엇을 하게 되든 그 안에서 스스로 의미를 찾고 살아가면 충분히 행복할 수 있다. 성적에 맞추어 학과를 선택하더라도 잘 적응할 수 있다고 생각했고, 의대 역시 사실 그렇게 오게 된 것이다.

의대에 오고 나서 보니 다들 좋다고 말하는 것에 비해, 나름대로 고충이 많은 직업이었다. 의학에 뜻을 가지고 대학병원에 남으면 내 삶은 거의 포기해야 하는 일정을 소화해야 한다. 만약 개인 병원을 차린다면, 의사이면서 동시에 병원을 운영하는 사업가가 되어서 나와 직원들의 생계를 책임져야 한다. 무엇을 선택하든 정말 쉽지 않은 삶이다.

그렇다고 해서 의대를 온 것을 후회하지는 않는다. 누군가의 소중한 삶을 지켜줄 수 있는 직업이기 때문이다. 의료봉사 동아리를 하면서 강원도 시골 마을의 어르신들을 뵙고, 직접 어르신들의 댁에 방문해서 이야기를 나눠본 적이 있다. 의료 행위라기보단 거의 말동무에 가까운 활동이었지만, 찾아뵐 때마다 어르신들께서 반갑게 맞이해주시는 모습이 정말 뿌듯하고 따뜻했다. 한 분 한 분께 최선을 다하고 싶다는 생각이 들었다.

그러면서도 무서운 부분은 누군가의 삶을 지켜줄 수도 있지만, 삶이 끝나는 것도 지켜봐야 하는 순간이 올 수 있다는 것이다. 아무리 노력해도 살릴 수 없는 환자가 있다면… 절망적일 것 같다. 그 가족들의 원망을 받아야 할 수도 있고, 법적인 문제로도 이어질 수 있다. 생명은 무엇보다 소중하고, 소중함을 지켜낼 각오로 모든 환자를 대할 생각이지만… 최선을 다하고도 결국 지켜내지 못했을 때, 그 현실을 어떻게 받아들일 수 있을지 모르겠다. 죄책감이 들 수밖에 없을 것 같다. 사실 아직은 잘 모르겠다. 하지만 삶과 죽음의 문제인 만큼 이 부분은 앞으로 더 고민해 봐야 할 것 같다.

이제 내 이야기는 여기서 잠시 숨을 고른다. 이후에 이어질 다인이의 이야기가 펼쳐지기 전, 수험생 후배들을 위해 꼭 남기고 싶은 부탁이 있다.

1. 잠재력

모든 사람에게는 각자의 잠재력이 있다. 스스로에게 잠재력이 없다고 느끼는 사람은 아직 그 잠재력을 발휘할 수 있는 최적의 조건을 찾지 못한 것이다. 그렇다고 조급해할 필요는 없다. 조급해한다고 잠재력이 발휘되는 것도 아니기 때문이다. 오히려 마음의 여유를 가지고 나에게 충분한 시간을 줄 수 있을 때 숨겨져 있던 능력이 세상 밖으로 펼쳐진다. 그러기 위해서는 나에게 아무런 능력이 없는 것 같아보일 때에도 내 안에 어딘가에는 잠재력이 분명히 존재한다고 믿어주어야 한다. 잠재력은 믿음을 양분으로 자라기 때문이다. **여러분들도 스스로를 꼭 끝까지 믿어주었으면 좋겠다. 나도 해낼 수 있는 사람이라고. 내가 해내지 못할 것은 없다고. 생각보다 우리 모두는 다 대단한 사람들이다.**

2. 고민이 될 때

어떤 일을 하고 싶은데 내가 정말 잘할 수 있는 것인지 고민되고 걱정될 때가 있다. 근데 사실 그렇게 많은 고민을 할 필요가 없다. 여기서 말하는 고민은 고민해 봐야 답이 없는데 끝없이 반복되는, 그래서 조금은 우울할 수 있는 그런 고민들이다. 스스로 답을 찾기 위한 발전적인 고민은 당연히 응원한다. 어쨌든 답이 없는 고민이 들 때, 앞으로 어떻게 해야할지 막막하기만 할 때 가장 먼저, 내가 정말 이 일을 할 것인지 하지 않을 것인지부터 생각해 봐야 한다. 예를 들어 수험생이라면 내가 공부를 할 것인지 아닌지, 이번 시험을 포기할 것인지 아닌지 고민해 보면 된다. 어쨌든 해야겠다는 결정을 내렸으면 그다음으로는 그 일을 해내기 위해서 어떤 과정을 거쳐야 할지 큰 가닥을 생각해 본다. 구체적으로 시험 전까지 어떤 문제집을 풀 것인지, 해야 하는 학원 숙제는 어떤 것들이 있는지 등이다. 생각보다 그리 복잡하지 않다. 여기까지 생각했으면 그다음은 더 간단하다. **일단 시작하면 된다. 내가 할 수 있는 가장 쉽고 기초적인 것부터 시작하면 된다. 시작하기도 전에 지레 겁을 먹거나 걱정할 필요는 없다.**

일단 시작하고 보면 점점 내가 나아가야 하는 길이 더 명확해진다. 어떤 일을 시작하기도 전에 어떨 것이라고 예상하는 것보다 실제로 그 일을 하기 시작했을 때 알게 되는 것들이 더 많기 때문이다. 너무 많은 걱정과 고민을 하지 않았으면 좋겠다. 그러기에는 우리에게 주어진 시간들이 아깝다.

3. 후회보단 반성

후회보다는 반성을 할 수 있는 사람이 좋은 것 같다. 공부를 너무 안 해서 결국 시험을 망친 경우에 내가 왜그랬지 후회만 하기보다는 앞으로 어떻게 고쳐나가야 할지 반성할 점을 찾아보고 고쳐나가야 한다. 쉽게 고쳐지지 않아서 그 반성이 계속계속 반복되더라도 나는 안 되는 사람이구나 포기하고 후회하기보다는 끝까지 노력해야 한다. 새로운 방법을 찾아서 시도를 해본다던가 주변 사람들의 도움을 받아본다던가. **사람은 쉽게 고쳐지지 않는다는 말처럼 수많은 시도와 노력이 필요하고 그 와중에 지치고 답답할 수 있지만 절대로 포기하지는 말자.**

4. 미래

나는 지금까지 내 미래가 걱정되었던 적이 별로 없다. 그냥 흘러가는 대로, 주어진 대로 잘 살아야지 열심히 해봐야지 그 뿐이었다. 그건 앞으로도 마찬가지다. **살아가면서 내가 하게 될 모든 선택은 그때의 내가 할 수 있는 최선의 선택이었다고 나는 믿는다. 그러니 그로 인해 주어지는 결과가 어떠하더라도 나는 기꺼이 받아들일 준비가 되어 있다.** 어떠한 선택을 하든지 간에 후회할 필요 없이 그때의 내가 최선의 선택을 했을 것이라고 믿어버리면 그만이다.

이 책을 읽고 있는 여러분들이 우리들의 이야기를 통해 삶의 또 다른 시선을 얻게 되길 진심으로 바랍니다. 무엇보다 잊지 말아야 할 건, '나만의 방식, 나만의 속도', 결국 '나 스스로'를 끝까지 믿어주는 게 가장 중요하다는 사실입니다. 함께 걷는 길에서, 저 역시 여러분의 한 걸음 한 걸음을 진심으로 응원하겠습니다.

비교는 기쁨을 훔치는 도둑이다.
_ 시어도어 루스벨트 (Theodore Roosevelt)

3부. 다인의 이야기
비상을 향한 날갯짓

프롤로그
: 조금은 독특한 새장

"안녕하세요! 당신에게 태어날 나라를 선택할 수 있는 기회를 드리겠습니다. 어떤 나라, 어느 지역을 선택하시겠나요?"

아쉽지만, 우리는 이런 선택권 없이 그저 태어난다. 나 역시도 그렇게 태어나진 채 살다 보니 조금은 독특한 새장 속에 살고 있었다. 한쪽 날개엔 미국이란 자유로운 바람이 깃들어 있었고, 다른 한쪽 날개엔 한국에서의 치열함이 서로 뒤엉킨 채 세상을 향한 날갯짓을 하고 있었다.

영어 한마디 모르던 어린아이가 갑작스레 미국에 가게 되었다. 처음엔 낯선 땅에서 어려움을 겪었지만, '체험'과 '경

힘'을 먹이 삼아 점차 자유롭게 자라나게 되었다. 하지만 또다시, 어쩌다가 한국으로 돌아와 보니, 이곳은 "공부를 잘해야만 성공하고 인정받는다."라는 말이 당연한 듯 통용되는 세상이었다.

그렇게 한국에서 학교와 학원 선생님들이 주는 먹이를 열심히 받아먹으며 자라났다. 옆을 보면 전교 1등이라는 타이틀을 단 채 새장 안에서 날아다니는 친구들도 있었다. 나 역시 그들처럼 '칭찬'과 '인정'이라는 먹이를 갈구한 끝에 어느덧 등수에 목매고 있었고, 우리는 그렇게 십여 년의 긴 시간 동안 새장 속에서 길들여진 채 어린 시절을 보내게 된다.

그리고 이제 '대학'이라는 좀 더 커다란 새장으로 옮겨진다. 내 새장 앞에는 매우 큰 글씨로 '의대'라고 쓰여 있다. 새로운 사람들은 나를 만나면 내 진짜 모습이 아닌, 내가 갇혀 있는 '의대'라는 간판부터 먼저 바라보았다. 대학에 들어가면 드디어 나 자체로 인정받고, 비로소 스스로의 힘으로 세상을 살아갈 수 있을 줄 알았다. 하지만 그 기대와 현실의 간극은 생각보다 훨씬 컸다.

의대에 들어와 보니 생각보다 의내라는 세상이 그리 아늑하다거나 아름답지도 않았다. 그래봐야 새장은 새장이니까.

그렇게 좁고 답답한 새장 안에서 지쳐갈 때쯤, 작년에 나는 의도치 않게 휴학을 하게 됐다. 잠시 멈춰 서 보니, 뜻밖에도 나를 가두고 있던 새장 문이 조금씩 열리고 있었다. 경주마처럼 앞만 보고 달려오기 바빴던 내게 다른 세상이 조금씩 눈에 들어왔다. 역설적으로 가장 멈춰 있던 그 시기에 나는 나를 가장 '동적'으로 성장시켰다.

 이제부터 들려줄 이야기는 공부와 성적으로 내 가치를 증명하려 했던 아이가 그 과정에서 겪은 실패와 좌절, 그리고 목표한 바를 이루었음에도 여전히 채워지지 않는 마음의 빈자리를 마주하는 과정이다. 솔직히 말해서 나도 당신만큼이나 불안했고, 막막했다. 그토록 원하던 의대에 합격했음에도 마찬가지로 마음 한구석은 늘 공허했고 끊임없는 경쟁에 여전히 지치고 힘들기까지 하다. 그래서 지금 내 이야기가 누군가에게 조금이라도 위안이 되었으면 좋겠다. 입시의 성패와 상관없이 인생은 계속되니까.

 언젠가 우리 사회가 "어느 대학 다니세요?" 같은 질문 대신 "너는 뭘 할 때 가장 행복해?"라고 편하게 물을 수 있는 날이 오면 좋겠다. 그때까지 우리 같이, 진짜 나를 찾는 날갯짓을 포기하지 않았으면 좋겠다.

공부? 그게 뭐야?

 초등학교 1학년 때 갑작스레 결정된 미국행. 영어를 전혀 할 줄 몰랐던 나는, 어느 날 한국인이 한 명도 없는 초등학교에 툭 던져졌다. 낯선 환경에 놓인 덕분에 내 어린 시절은 다른 한국 친구들과는 조금 달랐고, 그래서 더 특별했다. 그 특별함은, 그냥 평범했던 하루의 작은 순간들에도 묻어나 있었다.

 내 하루의 시작은 오빠가 등교 준비를 하며 숟가락으로 그릇을 부딪치는 소리를 듣고 깨는 것이었다. 오빠의 등교 시간은 아침 7시. 새벽 6시에 그 소리를 들으면 밑으로 내려가 부모님과 오빠 대화에 끼기도 했고, 어떨 땐 천장을 멀뚱히 바라보며 학교 갈 생각에 설레기도 했다.

여유로운 아침을 보내고 학교에 가는 길은 항상 들떴다. 학교엔 내가 좋아했던 남자아이도 있었고, 마음껏 뛰어놀 수 있는 운동장과 언제나 편안했던 도서관도 있었다. 수업은 단순히 뭔가를 '배우는 것'보다 스스로 '체험하는 시간'이 더 많았다. 우리는 책상 대신 전자칠판 앞 러그에 20명이 오밀조밀 앉아 선생님의 설명을 듣다가, 곧바로 밖으로 나가 직접 체험하는 활동을 많이 했다.

따로 책 읽는 시간도 있었다. 나는 그 시간이 제일 즐거웠고, 도서관에 가는 순간마다 설렜다. 그야말로 학교라는 곳은 좋은 것들로 가득 차 있었다.

학교가 끝나면 학원 대신 옆집에 사는 Bailey와 뛰어놀았다. 마당에 스프링클러를 틀고 물놀이를 하거나, 심심하면 길을 건너 Bailey 집으로 가서 신발을 신은 채로 탁탁 털고 들어가 소파에 누워, 강아지 Miley와 놀았다. 어린 시절 내게 Bailey와 함께 보낸 시간은 정말 소중했다.

핸드폰도 없었고, 일곱 살 터울인 오빠는 나와 자주 놀아주지 않았지만, 지루하다고 느낀 기억은 별로 없었다. 심심하면 아빠와 동네 도서관에 가서 책을 빌려 읽었고, 피아노와

바이올린에도 스스로 흥미를 느껴 배웠다. 학교 오케스트라를 가거나 시애틀 오케스트라에 레슨을 받으러 간 것 정도가 한국에서 흔히 말하는 '학원'이라고 부를 만한 전부였다. 그렇게 '공부'의 부담 없이 자유롭게 성장하게 되었다.

한 마디로 공부해야 할 이유가 없었다. 나에게는 '잘 봐야 하는 시험' 같은 것이 없었고, 지식 습득은 학교 수업과 도서관에서 빌린 책이면 충분했다. 미국은 언제 시험을 보는지, 무엇을 시험 보는지 알려주지도 않았다. 사실 시험이라고 할 만한 것도 수학 시험이 전부였는데, 그것마저 어느 날 갑자기 봐야 했기 때문에 미리 준비할 방법조차 없었다.

무엇보다 미국의 시험은 잘하는 아이를 추켜세우거나 못하는 아이에게 박탈감을 주지 않았다. 그 아이가 교육과정을 잘 따라오고 있는지를 확인하려는 목적이 더 컸다. 그래서 시험 결과가 부모님께 점수로 전달되지도 않았다. 그러다 보니 그 시절의 내겐 '잘 봐야 하는 시험'이라는 개념 자체가 아예 낯설었다.

내게도 기다려지는 시험이 딱 하나 있었는데, 바로 녹서 능력 시험이었다. 읽기 시간에 선생님과 교실 한쪽 구석에 앉아 얇은 책을 읽으면, 선생님이 내 어휘력과 발음, 그리고 내용을 얼마나 이해했는지 확인하셨다. 그 결과에 따라 내가 읽을 수 있는 책의 난이도가 정해졌고, 단계가 올라갈수록 읽을 수 있는 책도 많아졌다. 그래서 독서 시험을 기대했고 더 자주 보았으면 하는 마음이 한 구석에 있었다.

책을 좋아했던 나는 어릴 적 장래 희망으로 작가를 꿈꿨다. 수업 중 writing 시간이 가장 재미있었는데, 소설의 구성을 교과서 속 설명으로 배우는 게 아니라 직접 내 이야기를 써 보면서 익혔다. 좋은 글이란 무엇인지 배우며 독자의 마음을 사로잡는 법을 익히기도 했다. 그렇게 나는 작가라는 꿈을 조금씩 키워 나갔다.

돌아보면, 아무것도 몰랐기에 오히려 더 행복했던 것 같다. 마당에서 마음껏 뛰놀고, 러그에 앉아 수업을 들으며 책과 악기에 흠뻑 빠질 수 있었던 시절. 곧 달라질 운명이 다가오는 줄도 모르고, 여유로운 하루하루를 온전히 만끽했다.

선생님, 저도 잘할 수 있어요!

 그런데 부모님의 계획과 달리, 귀국은 생각보다 빨리 닥쳐왔다. 아빠 회사가 미국 시장 진출을 철수한다는 소식이 들려왔기 때문이다. 부모님은 원래 "너희를 대학까지 여기서 키우겠다."고 계획하셨지만, 결국 초등학교 5학년 무렵 오빠만 빼고 모두 한국으로 돌아와야 했다.

 그 무렵, 엄마가 내게 이렇게 말했다.
 "다인아, 너 한국 가면 시험을 봐야 하는데, 못 보면 한 학년 꿇을 수도 있어."
 그렇게 인생 처음으로 '공부'에 달성해야 할 목표가 생겨났다. 초등학교 5학년을 다시 하는 건 정말 끔찍했기 때문이다.

결국 조금 어설픈 발음과 초등학교 1학년 수준의 국어 실력으로 한국에 돌아왔다. 다행히 시험을 무사히 통과했고, 초등학교 5학년이 아닌 원래대로 6학년에 들어갈 수 있었다.

초등학교에 들어가면서부터는 미국에서의 자유분방한 생활과는 전혀 다른 일상을 마주하게 되었다. 교실의 책상은 줄 맞춰 단정하게 배열되어 있었고, 수업은 매일 시간표대로 규칙적으로 진행되었다. 미국처럼 전자칠판 앞에 앉아 이야기하거나 바깥으로 체험을 나가는 일은 없었다. 나는 대부분의 시간을 정해진 자리에서 교과서를 펴고 선생님의 수업을 듣는 새로운 환경에 적응해야 했다.

6학년을 마칠 무렵, 선생님들이 입을 모아 "중학교에 가면 시험이 중요하다"라는 점을 강조했다. 미국에서 경험했던 시험들은 그리 중요하지 않았는데, 한국에선 중학교 때부터 내 성적이 만천하에 공개되고, '등수'라는 것도 생긴다고 했다. 하지만 나는 그다지 큰 걱정은 하지 않았다. '뭐 어떻게든 하면 되겠지.'라고 생각하며 가볍게 받아들였다. 다만 한 가지 신경 쓰이는 게 있었다면, 내 어설픈 국어 실력이었다. 한글로 된 교과서는 내용을 이해하기는커녕 그냥 읽는 것조차 나에겐 버거웠다. 엄마는 그래서 틈틈이 중학교 교과서를 읽는 연습을 시켜주셨다.

"개인의 인권/이 침해되는 거슬 막고 인궈늘 실질저그로 보장하려면 법/과 제도가…"
"다인아, 음절을 그렇게 끊어 읽으면 안 돼. 뒤에 이응이 있으면 앞에 있는 받침이 뒤로 가야 해."
그렇게 중학생이 된 나에게 엄마는 중학교 사회 교과서의 한 부분을 소리 내 읽게 시키셨다. 하지만 나는 연음을 전혀 할 줄 몰랐다.

"응, 엄마. 근데 엄마, '인권'이 뭐야?"
"인간의 권리이지."
"권리가 뭔데?"
"일종의 자격이라고 할 수 있지."
"엥, 자격은 또 뭐야?"
"…(한숨)"

사회 교과서 두 줄에 내가 모르는 단어가 이렇게나 많았다. 한국으로 돌아오기 전, 미국에서 공부했던 기탄 국어는 생각보다 도움이 안 된 모양이었다.

모르는 단어가 가득한 상태로 곧장 한국식 중학교 시험을 봐야 했던 나도 막막했지만, 아마 부모님이 더 막막하셨을 거다. '당연히 모르지~ 공부하면 되는 거 아닌가?'라는 단순한 생각으로 중학교 첫 중간고사를 준비하기 위해 나는 정말 열심히 공부했다. 그것도 무려 한 달 동안이나!

한 달 동안 공부해서 받은 나의 사회 점수는 68점이었다. 중학교 시험을 한 달이나 공부하고도 68점 맞기도 쉽지 않다. 나는 언어적인 문제로 습득력이 다른 친구들과 조금 달랐던 거다. 학교 시험지 선지에 모르는 단어가 한가득이었다. 한 문제를 푸는 데 2번, 3번, 5번이 틀렸다는 건 알아도 1번, 4번에 낯선 단어가 들어 있으면 결국 찍어야 했고, 그러면 보통 틀렸다. 그렇게 시험지와 싸운 결과가 68점이었다.

조금 비참하긴 했지만, 사실 사회만 그랬고 나머지 시험은 그래도 그럭저럭 봤다. 첫 전교 등수가 70등 정도였으니, 나름 잘했다고 생각했다. 그런데 나와 매일 같이 등교하던 친구는 전교 2등이었다. 그 친구도 미국에서 1년 정도를 살다 왔지만, 전교 등수가 나보다 훨씬 높았다. 무엇보다 매일 등교하면서 그 친구의 자랑을 들어야 했는데, 어린 나에게 그게 참 견디기 힘들었다.

선생님들도 그 친구에게는 따뜻한 말투로 대하는 게 느껴졌다. 반면 나에게는 그다지 따뜻하지 않으셨다. 그래서였을까. 내게 친절과 사랑을 베풀어 주신 선생님은 유독 더 특별하게 느껴졌다. 국어가 너무 어렵고 어순도 뒤죽박죽인 내 독후감 수행평가에 만점을 주셨던 국어 선생님은, 내가 말도 안 되는 질문을 해도 항상 기다려주시고 따뜻하게 답해 주셨다.

"선생님, 저도 잘할 수 있어요! 가르쳐 주셔서 감사합니다."

나를 지지해 주는 사람들에게 꼭 보답하고 싶었고, 나 스스로도 더 잘하고 싶다는 욕심이 있었다. 그래서 수업을 열심히 듣고 잠자는 시간도 줄여 가며 공부했다. 욕심이 많은 나는 키가 안 클까 봐 밤 10시에 자고, 새벽 2시에 일어나 공부했다. 만약 너무 졸려 새벽 2시에 못 일어나면 엄마에게 투정을 부렸다.

그런 독함과 치열한 노력 끝에 중학교 1학년을 마칠 때 전교 등수가 14등까지 올라섰다. 전혀 기대하지 않으셨던 부모님께서도 내가 생각보다 성적을 잘 받아오니 무척 대단하다고 생각해 주셨다.

비상을 향한 날갯짓

쟤 왜 저렇게까지 공부해?

 중학교 때 제일 재미있었던 과목은 과학이었다. 어린 시절부터 아빠와 함께했던 물리 공부 덕분이었다. 아빠는 중학생이 이해하기에는 조금 벅찬 상대성 이론이나 양자역학도 틈틈이 알려주셨다. 물론 제대로 알긴 어려웠지만, 조금이라도 이해했을 때 느끼는 작은 성취감이 참 좋았다.

 중학교 2학년이 되자, 내 장래 희망은 작가에서 물리학과 교수로 바뀌었다. 고등학교도 과학고에 가고 싶어졌다. 그 무렵, 겨울방학 동안 고등학교 선행을 해보려고 처음 학원을 찾았지만, 받아주는 곳이 거의 없었다. 학원에선 과학고 진학을 위한 선행이 이미 늦었다고 말했고, 초등학교 3학년 때부터 과학고를 준비해 온 아이들과 경쟁하기엔 현실적으로 어려움이 많을 거라 했다. 그럼에도 나는 '공부'를 해야 할 구체적인 목표가 생겼다는 사실만으로도 설렜다.

'열심히 하면 갈 수 있을 거야!'

우리 반에는 전교 1등 친구가 있었다. 평균이 99점이었는데, 이게 정말 인간의 점수인가 싶었다. 그 친구도 영재고를 준비하는 아이였고 수학 머리가 정말 대단했다. '아, 나랑은 확실히 다르네. 저런 친구들이 영재고를 가는구나…' 하고 나와는 다른 부류의 사람인 것처럼 늘 생각했다.

그런데 완벽할 것 같던 그가 언젠가 한 번은 시험을 못 본 적이 있었다. 그때 왜인지 모르게 그의 타이틀에 나도 범접할 수 있을 것 같단 느낌이 들었다. 이 사실을, 체험학습을 가서 다른 친구와 이야기했다.

"걔 이번에 시험 못 봤나 봐…"

"다인아, 승준이는 이번에 영재고 시험 준비하느라 그런 거야."

마침, 옆에서 듣고 계시던 담임 선생님이 그 친구를 감싸주셨다. 이 뒤에 더 심한 말을 들은 것 같은데, 사실 정확히 기억나지는 않는다. 그 순간 그렇게 나는 또 한 번 '편애'를 느꼈고, 그런 차별이 싫어서 더 잘하고 싶어졌다.

비상을 향한 날갯짓

이 시점부터 나의 공부는 조금 다른 양상을 띠게 되었다. 학업의 즐거움보다는 '과학고라는 목표', '선생님에게 인정받고 싶다'라는 마음, '주변 학우들의 동경'이 내 공부의 원동력이 되었다. 그래서 정말 열심히 했다. 밤 10시에 자고 2시에 일어나는 생활을 포기하지 않았고, 선생님들의 수업 내용을 실시간으로 정리해 나만의 수업 노트도 만들었다.

누군가는 "쟤 왜 저렇게까지 해?" 싶을 정도로 독하게 했다. 교과서를 거의 달달 외울 수준이 되었다. 한때 '다독이 무조건 답이다.'라고 믿은 나는 교과서를 열 번씩 읽었다. 그러다 보면 교과서가 머릿속에 그림으로 그려졌다. 내용이 정확히 기억나지 않아도, 페이지 위치나 그림을 떠올리면 시험 볼 때 힌트가 되었다.

그렇게 나는 전교에서 가장 열심히 공부하는 중학생이 되었다. 결과는 전교 2등. 불가능할 것 같던 평균 점수 98점을 달성했다. 동경했던 점수가 내 점수가 된 것이다.

이때 담임 선생님께서는 시험이 끝나면 반 애들 앞에서 등수를 공개하셨다. 그리고 반 5등까지는 일어서게 해 박수를 쳤다.

"이번 시험, 우리 반 1등은 유다인. 전교 2등. 박수!"

모두가 박수를 쳤다. 승준이도 박수를 쳤다. 그렇게 중간고사를 마무리한 나는 기말고사도 열심히 준비했다. 2등이라는 자리를 놓치고 싶지 않았고, 1등이라는 자리에 올라갈 수 있다는 생각에 더 독하게 했다.

기말고사 결과는 전교 3등이었다. 한 등수 떨어졌지만, 최선을 다했다는 생각에 아쉽지는 않았다.

학기 말이 다가오던 어느 날, 담임 선생님께서 날 복도로 부르셨다. 무슨 일인지 궁금해하며 따라 나가자, 내 두 손을 잡으시고 말씀하셨.

"다인아, 너 이번에 '종합' 전교 1등이야!"

선생님과 나는 복도에서 손을 맞잡고 방방 뛰었다. 너무 기뻤다. 전교 70등에서 시작해 1등까지 올라선 감격의 순간이었다. 그 순간은 내 중학교 시절에서 가장 뚜렷한 기억이자, 가장 행복했던 순간 중 하나였다.

"다인아! 너 하나고 가자!!"

그때 선생님에게서 들려온 그 말이, 중학교 내내 편애로부터 느꼈던 서운함을 단숨에 씻어주었다. 이제는 목표가 영재고가 아니라 하나고가 되었다. 영재고는 너무 늦었다고 느꼈지만, 하나고는 갈 수 있을 것 같았다.

저 넘어져요!

 안타깝게도 나는 하나고에 가지 못했다. 그냥 일반고를 갔다. 어떻게 인생이 늘 탄탄대로만 가겠는가. 누구에게나 슬럼프가 있고, 미끄러지는 시기가 있기 마련이다. 누군가는 그때 조용히 혼자 넘어지고, 누군가는 "저 넘어져요!" 하고 세상 만천하에 알리며 넘어지기도 한다.

 중학교 3학년 때 나는 정말 요란하게 넘어졌다. 첫 중간고사에서 내가 가장 무서워하던 결과가 찾아왔다. 시험을 망쳤다. 그냥 망친 정도가 아니라, 하나고라는 꿈이 아예 불가능해졌다. 수학 시험을 풀다가 모르는 문제가 너무 많았고, 머릿속이 새하얘졌다. 서술형 시험지에는 아무 말이나 썼고, 심지어 객관식 OMR 카드도 제대로 마킹하지 못했다. 제출

할 때를 보니 마지막 문제보다 한 문제를 더 마크해 놓은 게 보였다.

시험이 끝나자마자 나는 오열하기 시작했다. (지금 생각하면 정말 부끄럽다. 성적이 뭐라고 모두가 보는 앞에서 그렇게까지 울었나 싶다) 하지만 그 시절의 나에겐 공부가 내 전부였고, 성적은 곧 나의 정체성이었다. 전교 1등까지 올라갔던 내가 무너졌다는 건, 마치 내 존재 자체가 부정당한 거나 다름없었다.

시험을 망친 뒤, 종례를 하러 들어오신 선생님께 나는 다짜고짜 말했다.

"선생님, 저 죽어버릴 거예요."

부끄럽지만, 그때는 진심이었다. 미래가 캄캄했으니까. 그날 나는 같은 자리에서 3시간 가까이 주저앉아 울었다. 다음 날 시험이 아직 남아 있었는데도, 곁을 지켜준 친구들이 있었다. 그들은 내가 울음을 멈출 때까지 끝까지 기다려주었다. 지금 생각해 보면 정말 고마운 일이었다. 하지만, 그 순간의 위로로 모든 게 해결될 만큼 당시 내 마음은 그리 가볍지 않았다.

그 후 나는 카톡 상태 메시지를 "죽고 싶다."로 바꿨다. 마침 시험이 끝나고 할머니 댁에 가시던 부모님이 내 상태 메시지를 보고 걱정되는 마음에 다시 차를 돌리셨다. 남들이 보기엔 공부도 제법 잘하고 말 잘 듣는 아이처럼 보였을지 모르겠지만, 나는 그때 정말 우울했고 가끔은 극단적인 생각을 하는 아이였다. 가장 낮은 순간이자 모든 것을 포기하고 싶었던 그 시절, 나는 얄팍한 신앙심에 매달려 하나님께 수많은 원망을 쏟아내곤 했다.

'왜 그러시나요? 왜 제 노력을 보상해 주지 않으시나요? 왜 제 기도를 무시하시나요?'

나는 그저 원망 섞인 투정만 부릴 뿐이었다. 그럼에도 미국에서 교회를 다닐 때부터 외우고 다녔던 성경 구절 하나만은 꼭 붙들고 있었다.

> 예레미야 29장 11절
> "For I know the plans I have for you," declares the Lord,
> "plans to prosper you and not to harm you,
> plans to give you hope and a future."
> ("너희를 위해 세운 나의 계획을 내가 알고 있으니
> 내가 너희에게 재앙이 아닌 희망이 넘치는 미래를 주려 한다.")

'그래, 하나님이 날 위한 좋은 계획을 갖고 계신다고 하니, 그래도 열심히 살아보자'

그렇게 중학교 3학년을 누구보다 요란하게 마쳤다. 돌이켜보면, 그때 이미 나는 '성적'과 '인정'을 향해 쉬지 않고 달리는 열차 위에 올라타고 있었는지도 모르겠다. 그렇게 종착지가 어딘지도 모른 채 다음 역을 향해 달리고 있었다.

모두가 경쟁자

"하나님, 저 제발 이번 시험만 잘 보게 해주세요! 진짜 교회 열심히 다닐게요."

고등학교 시절 가장 많이 했던 기도였다. 내게 간절한 기도가 필요했던 이유는 고등학교에서의 치열한 경쟁 때문이었다. 중학교 때 겨우 한 번 전교 1등을 했던 경험만을 방패 삼아, 뛰어난 친구들 사이에서 뒤처지지 않으려 부단히 애를 써보았지만, 뜻대로 되지 않는 일들 투성이었다.

처음 세웠던 목표는 그래도 현실적이었다. 전교 20등 안팎을 유지하면 성균관대 공대 정도는 갈 수 있을 거라 믿었다. 그러나 시작부터 계획대로 되지 않았다. 입시에 중요하다고 여겨졌던 '과학 영재 동아리' 면접에서 탈락했고, 첫 시험 성적도 1등급은 거의 없고 대부분 2~3등급, 세계사는 4등급까지 나왔다. 시험마다 성적이 널뛰듯 오르내렸다. 중간고사를 잘 보면 기말고사에서 미끄러졌고, 망친 과목은 다음 시험에서 겨우 만회하는 정도였다. 그렇게 내 성적은 늘 '그럭저럭'한 채 제자리걸음을 반복했다.

시험을 볼 때마다 내 마음은 롤러코스터를 탔다. 잘 보면 기분이 하늘을 찔렀지만, 조금이라도 못 보면 깊은 불안과 우울에 빠졌다. 나는 어느덧 시험 하나에 내 기분을 저당 잡힌 그런 신세가 되어 있었다.

공부의 원동력도 여전히 '남들의 시선'이었다. 칭찬과 인정에 목말랐고, 마음속으로 끊임없이 '남들이 나를 어떻게 볼까?'라는 생각을 반복하며 살아가는 것이 일상이었다. 전교 등수와 친구와의 점수 차는 내게 너무 중요했다. 겉으론 친구들과 웃고 떠들었지만, 속으로는 모두 경쟁자처럼 느껴졌다.

> 열등감 (feeling of inferiority)
> 타인과 자신을 비교하여 내가 남보다
> 부족하다는 생각에서 오는 느낌.

시험마다 눈으로 확인할 수 있는 등수는 내 위치를 확인하는 것이 아닌, 나보다 더 잘 본 친구들을 보며 항상 부족함을 자각하는 수단에 불과했다. 그렇게 계속해서 남과 나를 비교하는 행위는 나의 자존감을 깎아 먹고 있었고 나를 열등한 사람으로 만들었다.

마음의 그릇이 컸으면 좋았겠지만, 난 그런 사람은 아니었다. 자존심도 세서, 공부하며 느끼는 고충을 친구들에게 쉽게 털어놓지 않았고 늘 경쟁의식을 가진 채 긴장된 나날을 이어갔다.

"모든 고통은 남과 나를 비교하는 데서 시작된다."라는 말의 의미를 그때는 이해하지 못했다. 나는 끊임없이 속으로 '내가 다른 친구보다 나은 점이 무엇일까?'를 고민하며 하루하루를 힘겹게 버텨냈다.

영서와 지호

 마음의 여유가 없던 내게 '친구'라는 존재는 너무나 멀고 막연한 개념이었다. 그도 그럴 것이, 초등학교 시절 친했던 친구들은 멀리 미국에 있었고, 중학교 때의 나는 까칠하고 예민한 성격 탓에 친구들과 깊은 관계를 만들지 못했다. 사람들과의 관계에서 늘 적당한 거리를 유지하면서도, 그 이면에선 버림받거나 외톨이가 될지 모른다는 두려움이 항상 있었다.

 그러던 고등학교 1학년 어느 날, 수학학원에서 지호를 만났다. 지호는 내가 이해할 수 없는 특이한 아이였다. 학원 수업 시간에 매번 지각하거나 자주 졸았고, 말수도 극히 적었다. 학원에서 같이 지낸 지 6개월이나 지났는데도, 지호의 목소리를 제대로 들어본 적이 없었다. 선생님 대신 전화를 걸어 깨웠을 때마다 지호는 늘 잠에 취한 목소리로 "자고 있었어"라고만 대답했다. 매일 긴장하며 달리던 내게 지호는 너무도 다른 세계의 사람처럼 보였다. 더 신기했던 것은 그렇게 늘 자고 지각을 반복하는 지호가 나보다 공부를 잘한다는 사실이었다. 처음엔 충격이었지만, 점점 그런 지호가 신기하고도 재미있게 느껴졌다.

 지호와 함께 다니던 학원을 고2 올라갈 무렵 같이 옮기면서, 나는 영서를 만났다. 새로운 학원은 분위기가 완전히 달랐다. 수업 시작 전까지 아무도 입을 열지 않았고, 침묵만이 감돌았다. 견딜 수 없었던 내가 뒤를 돌아 처음 보는 영서에게 먼저 말을 걸었다.
 "너 여기 학원 언제부터 다녔어?"
 사실 나는 영서를 이미 알고 있었다. 영서는 당시 전교 1등이었고, 성격도 외모처럼 둥글둥글하고 모난 데가 없어 보였다. 그런 영서를 처음에는 동경과 질투가 섞인 눈으로 바라봤지만, 얼마 지나지 않아 영서의 따뜻한 성격에 마음이 녹아 내렸다.

 영서, 지호, 그리고 나. 우리는 점점 가까워졌고, 학원에 갈 때마다 숨이 막히도록 웃었다. 시험을 위해 다니던 수학학원이, 어느 순간 웃음과 즐거움이 가득한 공간으로 변했다. 매일매일 경쟁과 긴장으로 지친 나의 마음에 두 친구는 마치 오아시스처럼 생기를 불어넣었다. 학원에 수업 들으러 가는 건지, 친구들과 웃으러 가는 건지 도무지 헷갈릴 정도로 즐거웠다. 너무 시끄럽고 분위기가 들떠서, 새로 등록한 친구들이 우리를 감당하지 못하고 떠나버리는 일까지 있었다.

그러나 우정이 깊어질수록 나의 불안하고 예민한 성격도 때때로 모습을 드러냈다. 특히 고2 어느 단축 수업 날, 영서가 일찍 하교하는 바람에 그것도 모르고 오래 기다렸다는 이유 하나만으로 나는 영서에게 감정을 폭발시켰다.

"너 때문에 진짜 빡쳐!"
사실 영서는 잘못한 것이 하나도 없었고, 나는 그저 내 안의 불안과 초조함을 영서에게 쏟아낸 것뿐이었다.

'왜 나는 이렇게 예민하고 쉽게 상처받는 걸까? 왜 친구들에게조차 자꾸 피해의식을 느끼며 화를 내는 걸까?'

그 사건을 계기로 나는 나의 부족함과 예민함을 정면으로 마주하게 됐다. 그리고 깨달았다. **'나의 가장 부족하고 연약한 모습을 있는 그대로 받아주는 친구들이야말로 진정한 친구구나'**라는 것을 말이다. 지호와 영서는 그런 내 모습마저 웃으며 감싸 주었다. 내가 예민하게 굴거나 남들과의 비교로 인해 위축될 때마다 그들은 늘 편안하게 웃어줬고, 나도 그들을 통해 조금씩 마음의 벽을 허물어 갈 수 있었다.

그렇게 치열한 경쟁 속에서도 고등학교는 내게 돈 주고도 살 수 없는 소중한 우정을 선물해 주었다. 누군가 '자퇴해서 2년 빨리 의대에 갈 수 있는 기회를 줄게'라고 해도 나는 결코 선택하지 않았을 것이다. 만약 그랬다면, 내 삶에서 영서와 지호라는 소중한 보물을 놓쳐버렸을 테니까.

수능포기

 인생에서 확신과 믿음을 가진다는 것은 정말 어렵다. 특히 내가 가진 이상과 목표가 지금의 현실과 크게 동떨어져 있을수록, 그 이상과 목표를 향한 믿음을 끝까지 지키기란 더더욱 힘들다.

 고등학교 시절의 나는 항상 모든 시험을 잘 보는 아이가 아니었다. 어떤 시험은 잘 봐도, 어떤 시험은 번번이 망쳤다. 그래서 매번 전교 1등을 꾸준히 유지하는 친구들이 가진, 시험에 대한 확고한 믿음과 자신감을 사실 잘 이해하지 못했다.
 하지만, 나처럼 '엄청 잘하는 것도 아니고, 그렇다고 못하는 것도 아닌, 애매하게 공부를 잘하는 학생'의 마음만큼은 너무 잘 안다. 성적이 들쑥날쑥한 아이는 결국 본인에 대한 확신과 믿음을 갖기가 쉽지 않다. 조금만 공부를 놓으면 성적이 바로 떨어질 것 같은 불안에 사로잡혀, 쉬는 것조차 제대로 하지 못한다. 나 역시 '공부를 조금만 덜 하면 큰일 날 것 같다'는 강박관념에 시달렸다.

  나에 대한 믿음이 부족했던 나는, 내가 통제할 수 있는 것들을 열심히 통제하려고도 했다. 예컨대, 핸드폰을 안 보는 것부터 시작했다. 일부러 스마트폰 대신 2G 폰을 썼고, 스스로에게 넉넉한 휴식 시간을 주지 않았다. 혹시라도 배탈이 날까 봐 밀가루와 우유도 끊었다. 커피도 마시지 않았고, 부족한 잠은 책상에 엎드려 쪽잠을 자며 버텼다.
  내가 할 수 있는 세상 모든 걸 통제해 보려 했지만, 결국 내 마음만큼은 제대로 통제하지 못했다. 이런 무리한 통제는 내가 만들어 놓은 '틀' 속에 나를 가두고, 그 틀을 지키지 못하면 내 자신에 대한 믿음을 또 깎아 먹는 악순환으로 이어졌다.
  그렇게 멘탈이 여러 번 무너지고 또 회복해 나가는 과정을 반복하면서 드디어 고3을 맞이했다. 하지만 여전히 불안정한 멘탈과 부족했던 공부량 뒷에, 나는 고3 올라오자마자 현역 수능을 포기하기로 마음먹었다. 이때 막연하게 의대라는 목표가 나에게 있었는데, 현역으로는 그 목표를 이루기에 턱없이 부족하다고 느꼈기 때문이다. 좋은 결과를 기대하기도 힘들었을 뿐 아니라 시험에 대한 확신도 없었다. '이 정도로는 재수생을 이길 순 없겠다'라는 생각도 들었다. 그래서 고등학교 3학년이라는 1년을 재수를 준비하는 시간으로 쓰게 되었다.

  이미 고3 초반부터 재수를 결심했던 탓에, 현역 수능에 대한 부담이나 걱정은 거의 없었다. 어차피 올해가 아닌 내년을 목표로 했기에 시험을 망쳐도 큰 타격이 없다는 마음가짐이었다. 부담 없이 편안하게 본 덕이었을까. 막상 수능 성적은 생각보다 잘 나왔다. 그렇다고 의대를 노릴 정도로 높은 점수는 물론 아니었지만.
  나는 차라리 이 결과가 마음에 들기도 했다. 어중간하게 좋은 점수를 받고 미련을 가지는 것보다, 확실히 재수라는 결정을 내리기에 더 편했기 때문이다. 주변에서는 "이 정도 점수면 지금도 다른 좋은 대학에 갈 수 있지 않냐"라며 아쉬워했지만, 나에게는 오히려 의대를 향한 가능성을 확인하고 그에 따른 도전의 이유가 명확해진 계기였다. 그렇게 현역 수능의 결과를 깔끔히 받아들이고, 나는 미련 없이 재수학원으로 향했다.

재수

재수 생활은 고등학교 때보다 훨씬 더 치열했다. 나는 기숙학원에서 재수를 시작했는데 초반부터 숨 막히는 경쟁과 철저한 통제에 답답함을 느껴 결국 2주 만에 뛰쳐나왔다. 이대로는 진정한 성장이 없을 것 같았기 때문이다. 무작정 많은 시간을 투자한다고 성적이 오르는 게 아니라는 것쯤은 이미 알고 있었다. 중요한 건 어떻게 공부하느냐였으니까.

집에 와서 드라마를 몰아보며 한 달을 일단 쉬기로 했다. '제대로 1년을 보내려면 한 달 정도는 쉬어도 괜찮지 않을까?' 하는 생각이었고, 부모님께서도 "그래 좀 쉬렴." 하며 별말씀 없이 나를 기다려 주셨다.

그 해는 2020년, 코로나19가 한창 확산하던 시기였다. 다시 재수학원을 등록하여 생활하던 중 학원에서 마스크를 의무화하고, 학생들끼리 대화도 철저히 금지했다. 기숙학원보다 오히려 더 숨이 막힐 정도로 학원 분위기는 무거웠다.

그렇게 시간이 흘러 맞이한 6월 모의고사는 그래도 잘 봤다. 반수생도 없었고 시험 범위도 좁아 가능했던 일이었다. 이때 자신감이 크게 올라갔지만, 문제는 9월 평가원이었다. 수학에서 3등급을 맞아 멘탈이 완전히 무너졌다. 내 인생의 톱니바퀴에 작은 동전 하나가 끼어 모든 게 멈춘 듯했다. '이래서는 의대는커녕 아무 데도 못 가겠다'라는 생각에 사로잡혔다.

더 큰 문제는 멘탈이 나간 상태에서 사회적 거리두기 강화로 학원에조차 가지 못하게 된 상황이었다. 4평짜리 좁은 학사 방에서 매일 아침 눈물로 하루를 시작했다.
'내 인생은 정말 실패작인 건가?'
하는 생각이 머릿속을 떠나지 않았다. 그렇게 한바탕 울어야만 공부를 시작할 수 있었다.

학원은 마지막 10주 동안 매주 파이널 모의고사를 실시했다. 나는 이 시험들에 사활을 걸었다. 그러던 중, 마치 하나님이 주신 선물처럼 기적 같은 일이 벌어졌다. 학원 전체 모의고사에서 10등을 한 것이다. 10등이란 등수는 나와는 아주 머나먼 세계였는데, 그 세계에 내가 발을 들였다는 사실이 믿기지 않았다. 그 순간 '이제 정말 할 수 있겠다'라는 믿음이 생겨났다.

여전히 시험장에서 멘탈이 나갈까 걱정되긴 했지만, 적어도 '아, 이 정도면 가능하겠다'라는 생각이 가장 컸다. 그래서 수능장으로 가기 전, 내 마음가짐은 '전과목 5개 이내 틀린다'였고, '잘 보면 메이저 의대, 망해도 인서울 의대'라는 엄청난 기대와 다짐으로 당당히 학사에서 나와 집으로 갔다.

내 인생은
실패작인 건가?

 수능 날 아침은 쌀쌀했다. 시험장은 본가 근처 고등학교였는데, 배정받자마자 그 학교에 다니는 친구에게 화장실이 깨끗하냐고 물었다. 깨끗하지 않다고 했다. 학교 책상도 낡았고, 교실은 춥다고 했다. 좋지 않은 환경에 신경이 곤두섰지만, 어쩔 수 없는 노릇이었다.

 교실에 들어가서 국어 시험 시작 전까지 나는 열심히 복기를 시도했다. 실수 노트를 보면서 다시 한번 '실수하지 말자'고 되뇌었다. 지금 돌이켜보면 사실상 큰 의미가 없었다고 생각한다. 정말 필요했던 건,

 '괜찮아. 이 시험이 내 인생 전부가 아니야. 점수가 내 모든 걸 평가하진 않아.' 같은 말이 아니었을까.

국어 시험을 보며, 나는 또다시 멘탈이 털려 나갔다. '국어는 최대 2개만 틀려야 한다'라고 생각했는데, 비문학 지문이 전혀 읽히지 않았다. 글씨가 눈에 들어오지 않았다. 패닉에 빠졌다. 9월 모의고사 때와는 다른 양상이었다. 일단, 그냥 미친 듯 문제를 풀었다. 대충 읽고, 모르는 건 별표 치고, 또 별표 치고… 다 풀고 보니 20분 넘게 남았었다. 그제야 정신을 다잡고 다시 봤지만, 아무리 봐도 별표 표시가 너무 많았다.

심장은 요동쳤고, 잠깐 사이에 1년간의 재수 생활이 주마등처럼 지나갔다.
'삼수는 정말 하기 싫다. 재수하면서 돈도 많이 들었고, 나도 너무 힘들었는걸.'
결국 국어 시험을 그렇게 얼렁뚱땅 끝냈다. 예전에 배운 것들이 다 떠오르지 않았고, 글씨가 안 읽히는데 무슨 의미가 있나 싶었다.

1교시부터 첫 단추를 잘못 낀 나는, 수학 시험만큼은 포기하지 않으려 했다. '국어가 어려울 수도 있었으니까, 지금부터 다 맞으면 돼'라는 생각으로 임했다. 비교적 순조롭게 수학 시험을 마무리한 뒤, 점심 이후 영어 시험이 끝나고 가

채점을 해 봤다. 국어에서 답으로 1번이 3개 정도밖에 없었다.(45문제 중 1번 답이 고작 3개?) 그렇다면 최소 5개, 많으면 10개까지 틀렸을 가능성이 컸다.

  그 사실에 충격받은 상태로 과탐 시험을 치르니, 집중이 잘 안 됐다. 시간도 부족했고, 감독관님은 감기 때문인지 코를 훌쩍거리셨다. 뭐라고 말할까 말까 고민만 하다가 아무 말도 하지 못했다.

  끝을 알리는 종소리가 울렸고, 결국 시험을 망쳤다는 기분을 지울 수 없었다. 그저 빨리 집에 가고 싶었다. 차오르는 눈물을 꾹 참았다. 시험장을 나오면서 롱패딩 모자를 깊숙이 뒤집어썼다. 멀리서 나를 기다리는 엄마가 보이자마자 참았던 눈물이 펑펑 쏟아졌다. 교문을 지나치던 수많은 학생 중에 나 혼자 엉엉 울면서 나왔다. 차에 앉아서도 한참을 울었다. 집에 와서도 계속 울었다. 친했던 선생님들께도 "망했다"고 소식을 전하며, 그동안 쌓아왔던 마음의 모래성이 깡그리 무너져 내렸다.

호랑애벌레

 결과적으로 나는 현역 때보다 단 세 문제를 더 맞혀, 지방대 의대에 지원 가능한 성적을 받았다. '다행이라면 다행이겠지' 하며 스스로 위로하려 했지만, 1년이라는 시간과 노력을 생각하면 도저히 만족스러울 수 없었다. 그렇게 열심히 달렸는데 단지 세 문제라니, 그 아쉬움과 억울함은 머릿속에서 좀처럼 떠나지 않았다.

 '한 문제만 더 맞았으면 수도권 의대도 바라볼 수 있었는데…'
 이런 생각이 들 때마다 다시 마음이 흔들렸다. 그래서 혼자 진지하게 삼수를 고민했다. 하지만 결과적으로 나는 삼수를 하지 않았다. 이미 너무 지쳐 있었고, 무엇보다 또 한 번 내

20대 초반의 귀중한 시간 전체를 수험 생활에 던질 자신이 없었다. 1년을 더 투자해도 결과를 보장할 수 없다는 걸 잘 알았기 때문이다.

혹시 『꽃들에게 희망을』이라는 책을 읽어본 적 있는가? 호랑 애벌레가 나오는 우화인데, 수많은 애벌레가 서로를 짓밟고 무작정 위로 오르지만 결국 맨 꼭대기엔 아무것도 없다는 이야기를 담고 있다. 어쩌면 입시를 준비하던 수많은 학생들과 나 역시 그 애벌레들과 다를 바 없었다. 꼭대기에 무엇이 있는지도 모른 채 남들보다 높은 곳만을 바라보며 무작정 올라가려고 발버둥 쳤던 나도, 호랑 애벌레 같았다.

수능 이후 진학사 사이트에 들어가 지원할 수 있는 대학과 학과를 확인했을 때, 선택지가 많지 않았다. (가)군과 (다)군에 간신히 지원 가능한 의대가 있었지만, (나)군엔 의대를 쓸 곳이 없었다. 나는 (가)군과 (다)군에 의대 원서를 넣고, 남은 (나)군에는 8칸짜리 '시스템반도체공학과'를 넣었다.

이때부터 또 한 번 심각한 고민이 시작되었다. 부모님은 진지하게 내게 "의사는 정말 힘든 길이다. 앞으로 미래 산업은 인공지능과 반도체가 지배할 거다"라며 공대를 권유했다.

하지만 나는 부모님의 설득을 쉽게 받아들이지 못했다.

"아니, 그렇게 힘들다면 왜 의사인 부모들은 자녀에게 의사를 시키려고 하겠어?"

결국 두 가지 선택지 모두 합격했고, 나는 다시 한번 고민에 빠졌다. 며칠 밤을 심사숙고한 끝에 의대를 선택하기로 했다. 이유는 간단했다. '의대는 적어도 졸업 후에 안정적인 직업이 보장된다'라고 믿었고, 무엇보다 또다시 취업 등의 문제로 무한 경쟁을 반복하는 것은 너무 지겨웠기 때문이었다.

그렇게 선택을 마쳤지만, 막상 의대 합격 후에도 내 마음은 이상하게 허전했다. 합격하면 모든 불안과 고민이 말끔히 사라지고 행복할 줄 알았는데, 계속해서 가슴 속에 질문 하나가 맴돌았다.

'내가 정말 바라던 게 이거였을까?'

왜 의대에 오셨나요?

내가 정말 바라던 건 무엇이었나?

원했던 '의대'에 입학했지만, 내 열등감은 여전히 사라지지 않았다. 오히려 전보다 더 현실감 있는 열등감이 날 뒤덮었다. 학창 시절 공부를 거의 안 하다가 재수 1년 만에 나와 같은 대학에 온 친구들을 보며 '나는 뭐지?'라는 정신적 열등감이 밀려왔다. 또 세상을 다 가진 듯한 부유한 친구들을 보며 '공부 참 부질없네'라는 생각이 들어 더 깊은 열등감에 빠져들었다.

예과 시절 내내 겉으론 웃고 있었지만, 속으론 우울했고 혼자 있는 시간을 버텨내기 어려웠다. 결국 나는 또다시 과거의 나처럼 타인에게 의지하며 살아가야 했고, 본과에 올라가면서도 예전처럼 점수와 주변 시선에 휘둘리는 굴레로 되돌아갔다.

"왜 의대에 오셨나요?"
 나조차도 진짜 이유가 뭔지 잘 모르겠는 이 질문은 그래서 한동안 내게 불편함을 주었다. 언제 한 번은 만나는 친구들마다 왜 의대에 왔는지 물어보고 다녔다.

"내가 하는 일 자체가 생명을 살릴 수 있다는 점이 매력적이잖아."
 처음으로 돌아온 친구의 대답에 나 자신이 곧바로 부끄러워졌다. 대학을 오기 전까지 의사라는 직업이 '매력' 있는 직업이라고 한 번도 느껴보지 못했다. 의대를 가고 싶다는 생각은 있었지만, 그건 의사라는 직업 자체의 본질이나 가치에 대한 고민이 아니었다.

 다음 대답은 또 달랐다.
"의료선교에 대한 영상을 보면서 많이 울었는데, 그때 느낀 감동이 의료 선교에 대한 비전으로 이어져서 중학생 때부터 꿈꾸기 시작했어."

나는 그냥 고등학교 때 선생님이 조금 성적 올리면 의대 갈 수 있을 것 같다고 해서 꿈꾸기 시작했는데, 또 나 자신이 부끄러워졌다. 다른 친구들 역시 각자의 의미 있는 이유를 가지고 있었다.

"아이들이 탄생하는 순간을 함께 하고 싶어서", "좋은 사람이 되고 싶어서", "환자들이 아플 때 그들의 이야기를 들어주고 싶어서"

"그러면 나는 도대체 왜 의대에 가고 싶었던 거니?"

내가 나에게 이 질문을 처음 하게 된 것은 재수 시절 9월 모의평가에서 수학 3등급을 맞고 난 후였다. 어찌 보면 가장 선행되어야 했던 질문을 수능 목전에 두고 했으니 많이 늦었기도 했다. 당시 재수 학원에서 수학 문제를 풀다가 문득 '내가 왜 의대를 가려고 이러고 있지?'라는 생각이 들었다. 그리고 그 질문에 대한 대답은 솔직히 **돈, 사회적 명예**였다. 이런 세속적인 가치들을 위해 나는 의사라는 직업을 갖길 원했던 거다.

하지만 지금에 와서 생각해 보니, 돈을 위해서였다면 '사업'을 하는 게 맞지 의사는 아니었다. 20대의 대부분을 공부에 할애해야 하고 인턴, 전공의 과정을 거치면서 체력적으로나 정신적으로 많은 시간과 노력을 쏟아야만 하는데, 돈이 목적이었다면 그 에너지를 사업을 하는 데 쓰는 게 맞지 않을까 싶었다. 결과적으로 돈은 의사가 되어야 할 이유도 명분도 아니었던 거다.

더군다나 나는 2027년에 졸업을 해서 드디어 내가 그토록 원하던 사회적 명예를 얻게 될 거라 믿고 있었다. 하지만 또다시 의도치 않게 본과 1년 만에 휴학해야 했고 마지막으로 학교를 간 게 2023년 12월이다. 그 사이 의사들에 대한 여론은 더욱 악화하였고, 의사들이 가지고 있던 미약한 사회적 명예조차 점점 더 불투명해지고 있었다.

결국 공부밖에 할 줄 몰랐던, 열등감으로 무장한 내 인생에서 의대를 선택한 이유는, 그저 시대적 요구에 순응한 결과에 지나지 않았다. **타인의 기대와 사회적 통념에 순응하며 살아온 지금의 내 모습은, 내가 진정으로 원하는 것이 무엇인지에 대한 고민을 미뤄온 결과이기도 했다.**

그렇다면 나는 앞으로 무엇을 위해 살아야 할까?

스스로에게 이런 질문을 하다 보면, 나는 나와는 사뭇 다른 우리 오빠가 가장 먼저 떠오른다. 나와 달리 언제나 자신만의 길을 고집했던 우리 오빠의 삶은, 어느덧 내게 또 다른 가능성을 보여주는 하나의 거울이 되어주고 있었다.

서로 다른 길을
걷는 우리

 오빠와 나는 일곱 살 터울이다. 오빠는 부모님이 아직 경제적·정서적으로 안정되지 않았던 시기에 태어났고, 나는 부모님이 한결 자리 잡은 뒤에 태어났다. 그 결과 우린 같은 부모지만 조금은 다른 부모 밑에서 자라났다. 물론 오빠와 마지막으로 함께 산 것도 초등학교 6학년이다. 나는 한국으로 돌아왔고, 그때부터 우린 서로 섞이지 않는 각자의 인생을 살아가게 되었다.

 오빠를 보면 얼굴 빼고는 나와 닮은 점이 거의 없다. 내가 생각하는 부모님과 오빠가 바라보는 부모님도 정말 달랐다. 나는 "공부하라"는 말을 한 번도 듣지 않았지만, 오빠는 늘 "공부 좀 해라"는 말을 들어야 했다. 그런 오빠는 공부를 그리 좋아하지 않았고, 나는 공부가 그래도 적성에 맞았다.

오빠와 나는 현재 서로 완전히 다른 길을 걷고 있다. 우린 같은 부모 밑에서 태어났지만, 인생의 방향도, 방식도 모든 것이 완전히 다르다. 오빠는 끝까지 공부를 하지 않았고, 자동차와 게임에 많은 관심과 열정을 쏟았다. 반면 나는 모든 에너지를 공부로 돌렸다. 그 결과 나는 지방대 의대를 오게 되었고 오빠는 미국에서 결혼하고 사업을 하고 있다. 물론 나름대로 괜찮은 대학교에 진학해 물리학을 전공하긴 했지만, 물리학과는 전혀 관련 없는 사업을 한다.

오빠는 내게 자주 이렇게 말했다.
"대학은 나한테 필요 없었어. 엄마아빠가 권해서 간 거지"
그 말을 들을 때마다 대학에 집착했던 나는, 내가 공부 말고는 딱히 할 줄 아는 게 없다는 사실을 깨닫곤 했다. 새로운 도전을 해보고 싶어도 '공부 말고 내게 그럴 재능이 있을까?' 하는 의구심이 먼저 들었다.

어느 날 오빠에게 물었다.
"오빠는 지금의 삶이 만족스럽고 행복해?"
"응, 아직 위로 올라갈 길이 많으니까. 그래서 더 재밌어."

'올라갈 수 있는 길이 남아 있으니 계속 도전할 수 있다는 점을 즐기는 거구나'

나와는 너무 달랐다. 나는 성적을 위한 공부에 모든 걸 쏟아버린 뒤로 더는 어딘가 올라갈 힘도 의지도 남지 않아, 그저 주어진 운명에 맞춰 하루하루를 버티듯 살아가고 있었다. 그런데 어릴 적엔 내가 그토록 무시했던 오빠는 25살에 경제적 독립을 하고, 스스로 길을 개척해 나가며 오히려 '아직도 더 갈 길이 있으니 즐겁다'라고 말하고 있었다.

'성공'으로 가는 길은 정말 다양했지만, 내가 선택한 길은 이미 좁아져 있었던 거다. '공부'라는 길은 이탈도 쉽지 않고 계속해서 높은 경쟁이 요구된다. 그 길 위에서 나는 자유롭게 꿈꾸지 못했고, 언제나 앞만 보고 달려왔다. 반면 오빠의 길은 나와 비교해 사방으로 열려 있었다. 오빠는 가끔 옆에 핀 꽃도 보고, 바닥에 낙서도 하면서 걸었다. 그런 '헤맴' 속에서 오빠는 자기만의 길을 찾았고, 그 안에서 느끼는 행복을 누리는 듯 보였다. 이제 내가 오빠의 25살 나이가 되어보니 조금 알 것 같다. 오빠가 대단하다는 사실을.

스물다섯에
보이는 풍경들

　지금 나는 스물다섯 살이다. 수능 판을 떠난 지는 꽤 오래됐다. 그 사이 대학에서 본과 1학년까지 공부했고, 방글라데시·우즈베키스탄 의료 선교도 다녀왔다. 작년 한 해 동안 여러 나라를 여행하기도 했고, 사랑하는 사람을 만나보기도, 마음 아픈 이별도 경험했다. 재수를 끝낸 뒤의 4년은 정말 다채로운 시간이었다. 만약 내가 또 삼수에 붙잡혀 있었다면, 혹은 삼수했음에도 원하는 결과를 못 얻어 사 년, 오 년씩 수험생활을 반복했다면, 과연 지금처럼 다채로운 삶을 누릴 수 있었을까?

　하지만 내 중학교 친구 중 한 명은 올해도 수능을 쳤다. 벌써 다섯 번째였다. 매년 11월이 되면, 1년 내내 연락이 없던 그 친구에게 "힘내, 이번이 정말 마지막이길 바란다"라고 응원 문자를 보내곤 한다. 매년 같은 응원의 메시지를 보내면서도, 나는 늘 조심스러웠다. 혹시 그 메시지가 친구에겐 더 큰 부담이 되는 건 아닐까. 그러나 올해도 그 친구는 목표하던 의대를 가지 못했다. 이제야 친구는 "입시 판을 떠나겠다"라고 했다. 이제부터 인생을 좀 더 건설적 방향으로 끌어가고 싶다며.

나는 그 친구를 만나면, 어쩔 수 없이 "이번 시험은 어땠어?"라는 얘기를 먼저 꺼내곤 했다. 수능 등급 컷이나 인강·강사 얘기가 우리가 서로 나눌 거의 유일한 대화 주제처럼 돼버렸다. 하지만 다른 친구들을 만나면, 사실 입시 얘기를 할 일이 없다. 이제 나한테 입시는 머릿속에서 잊힌 옛날 얘기니까. 요즘은 결혼·배우자·진로 얘기가 더 많다. 그 친구는 아직 스무 살에서 크게 벗어나지 못한 이야기들만을 할 수 있는 게 한편으로 안타깝기도 했다.

초등학교를 미국에서 지냈기에, 인스타그램 계정을 일찍 만들어 썼다. 지금도 그 계정을 쓰고 있다 보니, 내 팔로워 목록에는 초등학교 시절 알던 해외 친구들이 여럿 남아 있다. 그중에 Maddie라는 친구가 있는데, 고등학교 때부터 자신의 음악을 만들기 시작했다. 처음엔 몰랐다. 공부가 힘들 때 그 친구의 게시물을 슬쩍 보며, '아, Maddie는 음악 쪽으로 나가고 있구나. 잘 지내고 있네' 정도로 응원하곤 했다.

그런데 어느 날 보니 Maddie가 몇 년 동안 소식이 끊겼다가 최근에 다시 릴스를 올리고 있었다. 릴스 제목은 "A day of a mom of two under two"였다. 알고 보니 내 소꿉친구 Maddie는 벌써 두 아이의 엄마가 되어 있었다. 내가 강의실에서 공부에 매진하던 사이, Maddie는 결혼도 하고 아이도 둘이나 낳은 것이다. 스물다섯의 그녀는 열심히 일하면서 매일 가족과 보내는 아름다운 일상을 기록한다.

그렇게 우리는 모두 서로 다른 삶을 살고 있다. 같은 스물다섯 살이라는 나이에 도달했지만, 각자의 시간은 이렇게나 다르게 흐르고 있다. 나는 의대생으로 본과 과정을 걱정하고, Maddie는 두 아이를 키우는 워킹맘으로, 또 어떤 친구는 이제 곧 대학 입학을 준비하고, 또 다른 친구는 취업 준비를 한다.

어느 쪽이 더 나은 인생인지를 말하려는 건 아니다. 다만, 인생에서 '공부'나 '성적'이 전부가 아니라는 사실을 꼭 전하고 싶다. 물론 이렇게 말해도 공부할 사람들은 계속 공부만 하겠지만, 혹시 자기에게 맞지 않는 옷을 억지로 입은 채 답답해하고 있다면, 그 옷을 벗고 새로운 길을 시도할 용기를 내보라고 말해주고 싶다. **인생은 다른 길로도 얼마든지 펼쳐질 수 있으니까.**

행복의 재정립

"다인 씨는 행복의 정의가 무엇이라고 생각하시나요?"

최근 외부 독서 모임에 참여하기 위해 면접을 봤다. 아무 생각 없이 갔던 면접에서 너무 근본적인 질문을 받아 실은 조금 당황했다. 일단 급한 대로 나는 이렇게 대답했다.

"어떤 고난과 시련이 와도 극복해 내고 헤쳐나갈 수 있는 상태가 행복이라고 생각합니다."

'두려움이 없는 상태가 행복이지 않을까?'라는 생각에서 출발한 대답이었다. 만약 고등학교 시절 똑같은 질문을 받았다면, 나는 과연 뭐라고 대답했을까?

"저는 의대에 합격하고, 성적이 정말 높게 나오면 행복할 것 같습니다!"

중학생 때부터 본격적으로 공부를 시작하면서 행복은 성적 혹은 성공과 아주 밀접한 관계 속에 있다고 생각했다. 성적이 높으면 행복하고 낮으면 불행하단 식으로 말이다. 또 대학에 붙으면 행복할 것 같았고, 떨어지면 불행할 것 같았다. 이렇게 나는 행복에 대해 늘 이분법적인 잣대를 들이대며 사회적인 성공만이 내 행복을 보장한다고 생각했다.

하지만 의대에 입학한 후 주변을 둘러보니 좋은 대학에 들어가 직업적으로 성공한다고 해서 반드시 행복한 삶을 사는 것이 아니라는 걸 알게 되었다. 마찬가지로 돈이 많은 사람이라고 해서 상대적으로 그러지 못한 사람보다 더 행복해 보이지도 않았다. 오히려 돈과 성공에 대한 욕구가 강할수록 그 목표를 이루고자 남들보다 부단히 노력하게 되고, 그 과정에서 정작 자신의 행복은 뒷전으로 미루게 된다.

나 역시 목표했던 의대에 합격했지만, 기대했던 성취감과 행복은 생각보다 오래가지 않았다. 또한 대학에 와서조차 끊임없는 경쟁과 압박의 굴레 속에서 살아가며 내가 애초에 생각했던 행복에 대한 정의가 어쩌면 잘못됐을지도 모른다고 느꼈다. 성공도 중요했지만, 나는 무엇보다 행복하고 싶었고 이를 위해 내겐 행복에 대한 재정의가 필요했다.

 그러나 막상 진지하게 '행복이란 뭘까?'라는 본질적인 질문에 대해 고민해 보아도 마땅한 설명이 떠오르지 않았다. 차라리 반대로 '불행이란 뭘까?'를 떠올리는 편이 내게는 쉬웠다. 나의 과거 속에서 불행한 기억을 살펴보면, 공부를 해야한다는 강박에 사로잡혀 스스로를 통제하고 있었다. 이런 구속과 억압의 상태에서 나는 결코 행복하지 않았다. 마찬가지로 맹목적인 욕심과 허영이 나를 둘러싸고 있는 상태 또한 굉장히 피곤하게만 느껴졌고, 현재 내가 가진 것들을 사랑할 수 없게 만들어 나를 더욱 조급하게 만들었다. 이 역시도 분명 행복과는 거리가 멀었다.

 하지만, 이 정도 설명으로 그치기엔 아직 역부족이었다. 그래서 때마침 나에게 주어진 휴학 기간 동안 나는 가능한 많은 것들을 직접 경험함으로써 나에게 행복을 느끼게 해주는 것들을 찾아다녔다. 버킷리스트였던 유럽 여행도 다녀왔고, 평소 읽고 싶었던 다양한 분야의 책들을 읽고 독서 모임을 이끌어보았다. 생산적인 하루를 보내지 않으면 불안하기만 했었던 과거와는 다르게 침대에 편히 누워 혼자만의 시간을 여유로이 느껴보기도 했다. 그러면서 이전과는 조금 다른, '진짜 행복'을 느끼고 있는 나 자신을 발견했다.

 그렇다면 행복이란 단순히 내가 무언가를 소유하거나 미래의 목표를 성취하는 것에 있다기보다는, 나 자신이 진정으로 원하는 것이 무엇인지 아는 것으로부터 오는 게 아닐까? 내가 귀 기울여야 할 것은 나를 둘러싼 바깥세상 사람들이 말하는 성공의 잣대가 아니라, 내 안에서 들려오는 작지만 힘 있는 목소리 아니었을까?

 '입시 성공'에서 오는 성취감에도 불구하고 마음 한편에 남아 있던 공허함은, 결국 행복을 바깥에서만 찾으려 방황하느라 정작 내 마음을 제대로 챙기지 못했기 때문이었다는 것을 뒤늦게 깨달았다.

 이러한 성찰들을 통해 결국 좋은 성적도, 의대라는 간판도 인생의 행복을 보장해 주는 만능 답이 아니었음을 알게 되었다. 입시 판이라는 거대한 기둥을 올라가려던 한 마리 호랑애벌레에서 벗어나고 있는 요새, 이제야 비로소 나만의 길을 찾고 날갯짓을 시작한 나비가 된 기분이 들곤 한다.

돌이켜보는 나의 여정

 결국 지금까지의 여정에서 '**가장 필요했던 공부는 좋은 성적이나 합격을 위한 게 아니라 내 마음을 들여다보는 공부**'였다.

 지난 휴학 기간 동안 행복의 의미에 대해 가장 많이 고민하며 나는, 나에 대해 더 깊이 들어가 내면의 가치가 무엇인지 탐색했다. 성적이나 합격과 같은 외적 성취를 통해 인정받으려 했던 과거와 달리, 이제는 내 안에서 진정한 가치를 찾고자 노력했다. 이러한 과정을 통해 내게 일어난 가장 큰 변화라고 한다면, 그건 스스로를 있는 그대로 바라보고 사랑하게 된 것이다.

"나를 정말 진심으로, 있는 그대로, 내 단점까지 모두를 사랑해줄 사람은 부모님도 애인도 세상 그 누구도 아닌 바로 나와 하나님뿐이지 않을까?"

같은 맥락에서 작년 한 해 쉼의 여정에서 가장 큰 발견도 '완벽함'에 대한 집착을 내려놓은 것이었다. 나는 항상 모든 것에서 최고가 되어야 한다고 생각하며 살아왔다. 시험에서도, 인간관계에서도, 심지어는 외적인 모습에서도. 하지만 그런 완벽함은 처음부터 불가능한 목표였고, 그것을 추구하는 과정에서 나 자신을 너무 혹사했다는 사실을 깨달았다.

'완벽함을 추구할 때 우리는 항상 부족함만 보게 되고, 이미 우리가 가진 것들에 대해 감사할 기회를 놓치게 된다.' 특별히 인상 깊었던 어떤 책에 이런 구절이 있었다. 맞다. 나는 그동안 내가 가진 것이 아닌, 내게 없는 것만 바라보며 살아왔던 것이다.

인생에서 공부나 성적이 전부가 아니라는 사실을 깨달은 지금, 나는 더 넓은 시각으로 세상을 바라보고자 노력한다. 그렇다고 열등감과 불안에 시달리던 나날들이 아직 완전히 사라진 것은 아니지만, 적어도 나를 있는 그대로 사랑하는 법을 조금씩 배워가고 있다.

 "여러분도 주변을 보며 비교하는 습관을 잠시 내려놓고 자기 자신을 가장 먼저 바라봐 주었으면 좋겠습니다. 그리고 자신을 진정으로 사랑해 주세요. **아무리 화려한 성취나 명성도 자기 자신을 온전히 받아들이지 못한다면 결국 공허할 뿐이니까요.**"

불확실한 미래에
대처하는 자세

 아빠는 어렸을 때 가난하셨다. 학원비 걱정 정도의 내가 상상할 수 있는 범주의 가난이 아닌, 보다 근본적인 가난에 대해 고민해야 했던 시절을 살아오셨다고 한다. 이런 아빠에게도 젊은 시절은 있었다. 아빠가 대입을 준비하시던 30년 전, 물리학과는 입시 판에서 짱을 먹던 시절이었다. 마찬가지로 전자공학과 등 많은 자연계와 공대가 의대를 앞서던 시절이기도 했다. 그렇게 아빠는 당대에 가장 좋은 과인 물리학과에 진학하셨다.

 시대적 요구에 걸맞은 최고의 전공을 선택하여 30년을 열심히 살아오셨지만, 결과적으로 우리 집은 특별히 부유하지도, 사회적으로 크게 두각을 나타내지도 않았다. 당대에 최고의 대학, 최고의 학과였음을 감안해 보면 조금 아쉽게 느껴지는 대목이 아닐 수 없다.

 더군다나 지금의 물리학과는 과거의 명성을 잃은 지 오래고 졸업하고 나서 취업의 갈림길에 서서 불확실성을 떠안고 살아야 하는 전공 중의 하나가 되었다. 그래서 나는 의대를 지원할 때 걱정과 고민이 컸다. '혹시 나도 아빠처럼 되면 어떡하지?' '과연 의대가 그렇게 안 되리라는 보장이 있을까?' 사실 이 질문은 재수 시절의 나를 괴롭히곤 했다.

 나의 재수 시절이 끝날 무렵 정부에서 공공의대를 신설하기 위한 정책들을 발표했다. 이때도 지금과 마찬가지로 의과대학 재학생들이 정부의 의료 정책에 반대하며 국가고시와 수업 거부, 무기한 진료 거부라는 파업에 돌입하였다. 코로나19가 한창이었고 가운을 벗어 던진 의사들에 대한 비난이 언론을 통해 쏟아졌다. 이때 나는 처음으로 느꼈다. 의사 집단을 향한 여론과 시선이 기본적으로 곱지 않다는 것을. 그래서 9월 평가원을 망치고 나서 의대라는 꿈을 버려야 하나 많은 고민에 빠졌었다.

 안타깝게도 우린 10년은커녕 5년 앞조차도 제대로 내다보지 못한다. 그래서 하고 싶은 말은 여러분이 지금 가고 싶은 그 학과, 그 대학의 가치가 내 미래를 보장할 수 없다는 사실이다. 세상의 많은 것들은 가치가 계속해서 변화해 나갈 것이고 그 변화의 속도를 우리의 판단력이 따라가기엔 버거운 게 현실이기 때문이다.

그럼, 무엇을 믿고 무엇에 주안점을 두고 미래를 준비해야 할까?

나에게 주어진 이 하루하루를 어떻게 채워나가는지에 따라 내 미래가 달라질 수 있다는 것쯤은 누구나가 아는 사실이다. '나'의 가치를 키워줄 선택들로 하루하루를 제대로 살아간다면 이 세상의 변화들과는 별개로 나는 내 성장을 이끌어낼 미래를 맞이하게 된다.

그렇다면 성장을 전제로, 성장하는 '나'는 어떤 환경에 제일 잘 어울리나? 그리고 '나'는 어디에서 제일 빛이 날 수 있을까?

학창 시절의 나에게는 한 번도 하지 못했던 질문이다. 나 역시 시대적 요구에 편승해 그저 의대에 왔지만 사실 미래가 불안한 건 당신과 매한가지다. 그래서 진로를 고민하는 당신에게 물어보고 싶다. **지금 당신이 가고자 하는 길이 미래의**

'나'를 빛나게 하는지, 아니면 다른 누군가의 의도가 반영된 현재의 '기대'를 충족시키기 위한 것인지.

그리고 자녀의 미래를 걱정하는 부모님들께도 묻고 싶다. 자녀를 공부시키고픈 이유가 무엇인가요? 당신께서 자녀가 가기를 원하는 길이 **당신 아이의 '미래'를 빛나게 해줄 곳인가요 아니면 당신의 '지금'을 빛내줄 길인가요?**

내 아이에게 무엇을 물려줄 것인가?

 요즘 글을 쓰기 위해 카페를 가면 옆 사람들 대화가 간혹 들리곤 한다. 특히 낮 2~3시쯤 카페에 가면 동네 아주머니들이 아주 바글바글하다. 그들의 대화는 거의 대부분 자식 이야기이자 특히 자녀의 교육 이야기다. 누구는 어떤 학원을 다니고, 성적이 어떻고, 어떤 대학을 갔다는 등 이런 이야기들이 주를 이룬다.

 그런 이야기를 듣다 보면, 얼마 전 나보다 공부를 더 잘했던 명문대 의대를 다니는 지인과 함께 저녁을 먹으며 나눴던 대화의 한 장면이 떠오르곤 했다.
 그는 나에게 자기는 절대로 아이를 낳지 않을 것이라고 말했다. 처음에는 너무 단호하게 말해서 당황스러울 정도였다.

왜 저렇게까지 단호하게 말을 한 건지 싶어 그 이유를 물어봤다. 한 치의 고민도 없이 그는 이렇게 토로했다.

"정말, 너무 힘들었거든…"

대치동 한복판에서 자란 그는 학창 시절이 너무 힘들었다고 말했다. 그래서 자기는 이 힘든 걸 혹여라도 자녀한테 다시 하게 할까 봐, 절대 다시 하게 만들 수는 없다고, 그래서 안 낳겠다고.

그의 학창 시절은 아무래도 정말 매우 힘들었나 보다.

요즘 사색에 빠지다 보면 종종 '내 미래의 아이를 나는 어떻게 키워야 할까?'라는 생각이 많이 든다. 그 생각을 하다 보면 문득 우리 부모님은 나를 무슨 생각으로 키우셨을지도 가끔 궁금했다.

내 방엔 엄마가 고심했던 흔적들이 담겨 있는, 엄청 큰 책장이 두 개가 있다. 책 제목들을 보면 좋은 부모가 되기 위해 끝없이 고민했던 엄마의 모습이 그려진다.

"성공적인 부모의 7가지 비밀"
"부모라면 유대인처럼"

"엄마가 아이를 아프게 한다"
"문제아는 없고 문제 부모만 있습니다"
"내 아이 내적 치유 자녀 마음 이렇게 만져라"

앞서 말했듯 어린 시절, 나는 부모님으로부터 한 번도 공부하라는 소리를 듣지 않았다. 미국에서부터 엄마한테 혼난 기억이라고는 책 정리를 잘 안 해서 혼 난 기억밖에 없다. 그래서 한 번은 엄마에게 물어봤다.

"엄마는 왜 나한테 공부하라는 소리를 안 했어?"
"너 스스로 공부를 잘했던 것도 있었고, **무엇보다 공부하는 네가 제일 힘들 텐데, 굳이 엄마가 나서서 그걸 더 힘들게 만들고 싶지는 않았어.**"

그렇다. **공부는 부모가 하는 것이 아니라 결국 아이가 하는 것이다.** 공부해야 한다는 압박은 부모가 아니더라도 주변에서 충분히 많이 받는 것이 대한민국의 현실이다. 나는 공부를 자발적으로 했고 스스로 필요성을 느껴서 했다. 물론 성공하고 싶은 욕심 때문에 아등바등 공부하려고 했던 것도 사실이지만 어쨌든 내 인생에서 공부는 내게 꼭 필요했던 대상이라고 자연스럽게 느꼈던 것 같다.

더욱이나 나의 부모님은 나에게 기대라는 것조차 하지 않았다. 그냥 학교에 잘 적응하기만을 바라며 옆에서 가만히 기다려주셨고 지지해 주셨다. **심지어 아빠는 나에게 그렇게 일등을 하기 위한 공부는 할 필요가 없다고까지 얘기하시곤 했다.** 그 바람에 우리 부녀는 오히려 자주 다퉜다.

나는 우리 교회 입교 세례식 때, 지금 인생의 고난이 무엇이냐고 물어보는 자리에서 이렇게 대답했다.
 "아빠가 계속 전교 1등을 위한 공부는 할 필요가 없다며 공부하는 것을 뭐라고 하는 게 고난입니다."
 정확하게 기억은 안 나지만 대충 저런 뉘앙스로 이야기했다.

아빠에게도 크고 나서 물어봤다. 왜 그런 말을 내게 했는지. **아빠는 진짜 그런 공부가 쓸모가 없다 생각했다고 말씀하셨다. '공부는 스스로 깨우치고 배우며 학문을 탐구하는 것에 대한 즐거움이 있어야 하는데 시험을 잘 보기 위한 공부는 그것과 멀지 않은가?'** 지금에야 정말 좋은 이야기이고 충분히 이해되지만, 과거의 나에게는 절대로 설득이 될 말이 아니었다. 아빠는 본인이 진짜 공부를 해보았고 그래서 공부의 본질이 무엇인지 잘 알았기 때문에 등수를 위한 공부를 하던 나를 말렸던 것이다.

    그래서 나는 두 분 덕분에 **단 한 번도 부모님을 위해 공부한다고 생각하지 않았다.** 사실 부모님은 오히려 나에게 공부를 못 해도 괜찮다고까지 말씀해 주셨다. 공부를 못 해도 큰일이 일어나진 않으니 괜찮다고.

  물론 부모님이 아무 잔소리도 하지 않으신 것은 아니다. 성인이 되고 나서 엄마는 나에게 정말 볼 때마다 책을 읽으라고 말했다. 근데 안 읽었다. 어렸을 때 책을 정말 좋아했지만 한국에 오고 나서 언어가 바뀌면서 나와 책은 자연스럽게 멀어졌다. 공부를 했던 6년이라는 시간과 의대 진학 후 3년이라는 시절 동안 내가 읽은 책은 정말 한 10권도 안 될 것 같다. 그것도 고등학교 생활기록부에 올리기 위해서 억지로 읽은 책들이었다.

  그런데 작년에 휴학으로 길게 쉬게 되면서 난 다시 나의 옛 친구였던 책을 찾게 되었다. 한 번 재미를 느끼고 나니, 독서 토론 모임에도 참여하게 되었고 나아가서 내가 직접 독서 모임도 만들어 운영해 보면서 정말 많은 책을 읽었다. 하루 일과가 책으로 시작해 책으로 끝날 정도였다.

지나고 보니 엄마 아빠는 나에게 거친 세상을 살아가는 데 필요한 두 가지 무기를 쥐여주셨다. **하나는 스스로 깨닫는 힘이었고, 다른 하나는 책이었다.** 세상을 살다 보면 여러 가지 시련들과 어려움에 부딪히기 마련이다. 그런 시련까지를 부모가 대신 막아줄 수는 없다. 시련 속에 때론 무너지고 좌절하겠지만 그럴 때 일어날 수 있는 능력은 내 안에 있다. 그리고 스스로 일어나는 데에 많은 도움을 주는 무기가 다름 아닌 책이었다.

행복은 '고난이 와도 이겨낼 힘이 있는 상태'라고 말해본 적 있다. 부모님이 주신 가장 큰 유산은 바로 이런 힘이었다. 그래서 이제는 실패를 두려워하지 않게 되었다. 살면서 실패는 필연적으로 있겠지만 어떠한 실패도 반드시 극복할 수 있고 그로 하여금 더 나아갈 힘이 내 안에 있음을 알고 있기 때문이다.

부모가 자식에게 줄 수 있는 최고의 선물은, 아이가 자기 삶을 스스로 개척할 수 있도록 기다려주고 지지해 주는 것이다. 자녀와 함께 사는 세월은 길어봐야 20년이겠지만, 자녀가 혼자 세상을 헤쳐나가며 살아야 하는 세상은 적어도 60년이다. 아이들에게 공부를 시켜 성공하도록 아등바등 노력해 봐도 결국 그들이 **혼자 세상을 살아갈 지혜와 능력을** 터득하지 못한다면, 성공은 무의미하다. 성공은 잠깐이지만, 인생은 계속되니까. 결국 인생은 아이 스스로 살아가는 거니까.

에필로그
: 다시 날갯짓

 책을 쓰며 과거를 돌아보니 그간 조금은 먼 여정을 돌아온 것 같은 기분이 든다. 의대에 합격하던 그날부터 지금까지, 결국 내가 찾은 것은 사회적 성공이나 안정적인 미래가 아닌, 내 안의 목소리였다.

 의대라는 새장에 들어가면 모든 불안이 해소될 줄 알았으나, 그 문이 열리자마자 다른 질문들이 나를 기다리고 있었다. "왜 의사가 되려고 하는가?", "이 길이 정말 내가 원하는 걸까?", "이렇게 살아도 행복할 수 있을까?"

 요구하던 바가 명확하고 단순했던 입시 시절과 달리, 이제 맞닥뜨린 이런 질문들엔 정답도 없었다. 나는 그 질문들과

홀로 씨름해야 했고 그것에 대한 답을 찾고자 의료 선교, 여러 나라로의 여행, 사랑과 이별 그리고 책과의 재회하며, 그 시간들 속에서 조금씩 내 자신을 들여다보게 되었다.

그 과정에서 내가 깨달은 것은 간단했다. **나는 그동안 외부의 인정과 성공이라는 굴레에 나 자신을 가두고 있었다는 것. 그리고 그 굴레에서 벗어나는 순간, 비로소 행복을 느끼고 자유로워진다는 것.**

그 굴레를 벗기 시작한 건, 나 자신을 있는 그대로 받아들이기 시작했을 때부터였다. 나는 여전히 산만하고, 가끔은 게으르고, 실수도 자주 하는 평범한 사람이다. 하지만 그런 내가 꼭 나쁜 것만은 아니라는 걸 이제는 안다. 그 누구도, 그 어떤 성취도 내 마음의 평안을 대신 가져다주지 못한다는 것도 안다. 내 안의 상처를 치유하고 내 자신을 온전히 사랑하는 법을 배워야만 드디어 행복해질 수 있다는 것도.

다시 의대로 돌아갈 날이 멀지 않았다. 그날이 오면, 이번에는 다른 마음가짐으로 돌아가려 한다. 더 이상 완벽해지려고 노력하지 않을 것이다. 실수해도 괜찮다고, 남들에게 인정받지 못해도 괜찮다고 스스로에게 말해주며 살아갈 것이다.

혹시 지금, 이 글을 읽는 누군가가 나와 비슷한 길을 걷고 있다면, 내 이야기가 조금이나마 위로가 되었길 바란다. **입시의 압박 속에서, 끝없는 경쟁 속에서, 누군가의 기대에 부응하려 애쓰는 당신에게, 당신은 그 자체로 충분히 가치 있는 사람이라는 것을, 성적표나 합격증이 당신의 가치를 결정하지 않는다는 것을, 실패해도, 넘어져도, 다시 일어날 수 있는 힘이 당신 안에 있다는 것을, 꼭 알려주고 싶다.**

마지막으로, 당신도 언젠가 넓고 넓은 세상 속에서 자유롭게 날갯짓을 할 수 있길 진심으로 바란다.

영서가 전하는 마지막 편지
아직은 스스로가 어려운 너에게

다인이의 이야기가 끝나고, 이 책을 덮기 전에
잠시 너와 마음을 나누고 싶어.
밤늦게 책상 앞에서 고민하는 너에게 건네는
진심 어린 편지처럼.

나도 한때는 네가 지금 걷고 있는 그 길을 걸었던
사람이야. 같은 고민, 같은 불안, 그리고 어쩌면
같은 꿈을 꾸었을지도 모르겠어.
그래서 네 마음이 어떨지 조금은 알 것 같아.

문득 너에게 물어보고 싶은 게 있어.
부담 갖지 말고, 네 마음속으로만 대답해 줘.

"넌 도대체 무얼 위해 공부하니?"
"어떤 필요를 느끼고 있니?"

혹시 지금 누군가, 타인이 만들어준 '이유'와
'필요'로 공부하고 있다면, 너의 길은 앞으로
쉽지 않을 거야. 외롭고 아프고 힘들 거야.

조금이라도 그 필요에서 벗어나려 할 때마다
너 자신이 무너져버린 것처럼 느껴질 거거든.
설령 그 '필요'가 애초부터 네 것이 아니었는데도,
결과가 좋지 않으면 죄책감마저 전부 네 몫이
돼버릴지도 몰라. 그 감정은 너를 잠식하고,
결국 모든 걸 내려놓고 싶게 만들 수도 있어.
난 그랬거든.

'이게 정말 내 마음일까, 아니면 남에게
잘 보이기 위해 달리는 걸까?'
이런 질문 한 번 해보지 못하고 앞만 보고 뛰다가
어느 날, 벽 같은 불안과 허무함에 부딪혔어.
그때야 의문이 들었지.
'이 길이 정말 내 길이 맞나?' 하고.

근데 말이야, 지금이라도 절대 늦지 않았어.
네가 공부하는 이유, 그 밑바닥에 깔린 진짜
마음을 다시 한번 살펴보면 좋겠어.

솔직히 지금은 잘 모르겠다 해도 괜찮아.
처음엔 다들 잘 몰라.
하지만 그 생각이 네 머릿속을 맴돌기 시작하면
어느 순간 자연스레 네 가슴 깊은 곳에
가 닿을 거야. 그때 비로소 '왜 뛰고 있는지'가
선명해지겠지.

혹시 이게 막연하고 무섭다면, 기억해야 할 사실이
하나 있어. 남이 정해준 필요나 목표는,
결국 언제든 너를 배신할 수 있어. 하지만 네가
스스로 만든 목표와 필요는, 실패해도 후회가 덜해.
왜냐하면 적어도 선택의 이유를 네가 알고 있거든.

이 책에 담은 것처럼, 우리가 온몸으로 겪어낸
사실도 바로 그거야. 결과가 어떻든, 다른 누군가가
아닌 오로지 나의 선택이었다고 말할 수 있을 때
비로소 더 크게 성장할 수 있었다고 말이지.

부모와 선생님, 친구, 사회의 잣대가 늘
옳은 건 아니야. 아무도 너 인생을 대신 살아주지
않을 텐데, 왜 그들이 정한 기준에 굴복해서
너자신을 망가뜨려?

조금 느리고, 조금 불안해도 괜찮아.
하루빨리 '남이 준 이유'에서 벗어나,
'내가 가진 이유'로 돌아오길 응원할게.
혹시 지금도 미칠 듯이 불안하고,
'다른 애들도 다 이렇게 공부하잖아,
나만 이상하면 안 되지 않나?' 하는 마음이 든다면,
잠깐 멈춰 서서 생각해 봐.

그렇게 남들 보기에 '정상'인 삶을 사는 게
정말 너를 위한 걸까? 정말로 네가 원하는
삶이라면, 그 길이 고돼도 버틸 수 있을 거야.
하지만 그게 아니라면,
이제 과감히 다른 선택을 해도 좋아.
그건 도망이 아니라 진정한 '용기'니까.

마지막으로 난 "무조건 끝까지 가라"고
말하고 싶지 않아. 네가 이해가 가면 달리는 거고,
안 맞으면 멈추거나 돌아서도 돼.

하지만 어떤 길을 택하든,
적어도 '왜 이 길을 택했는지'는
분명히 알고 가자.

그래야 나중에 무너져도
다시 일어설 힘이 생기거든.

남이 아니고 너. 남의 기준이 아니라 너 스스로
만든 이유. 이 간단한 사실을 깨닫는 게,
입시든 공부든 인생이든 가장 강력한 무기가
되어줄 거야.

너의 마음에 오래 머무는 질문이 생기길,
그 질문이 언젠가 너를 진짜로 자유롭게 해주길
진심으로 응원할게.

추천의 글

<1> 대한민국에서 아이를 키우는 부모라면 밝고 에너지 있는 아이로 키우는 동시에 입시에 성공하는 두 마리 토끼를 다 잡고 싶은 마음이 생기는 것은 당연하다.

자녀에게 높은 기대치를 가진 환경에서 치열하게 입시를 준비하는 많은 아이들은 거친 파도를 건너며, 수많은 선택의 기로에 서게 된다. 때로는 그 파도가 마음을 흔들고, 몸을 무너뜨리며, 끝없이 반복되는 고난을 이끌고 와 그들은 다시 일어설 힘을 스스로 찾아야 한다. **이 책은 바로 그런 '입시'라는 혹독한 파도에 휘말려 길을 잃고 방황하던 친구들이, 마침내 자기 자신을 찾아가는 과정을 그린 깊고 아름다운 성장 이야기이다.**

저자들은 성적과 타인의 기대라는 중압감 속에서 점차 자신의 본

모습을 잃어갔다. 그러나 결국, 자기만의 길을 선택하며 다시 일어섰다. **실패와 좌절을 겪으며, 마침내 자신의 진심을 마주하고, 성적이나 외부의 기준이 아닌, '나'라는 존재 자체로 빛날 수 있음을 깨닫게 된다.** 그 깨달음은 단순한 입시의 성공을 넘어서, 우리가 삶을 대하는 태도와 그 가치를 근본적으로 돌아보게 한다.

『카나리아의 날갯짓』을 통해 우리는 저자들의 고통과 성장을 함께 경험하며, 자연스럽게 스스로에게 묻게 된다. '나는 있는 그대로의 나를 사랑하고 있는가?' 이 물음에 대한 답을 찾고자 하는 입시생들과 학부모들, 그리고 "나"를 찾고자 하는 모든 이들에게 이 책을 진심으로 추천한다.

_ 김윤관 (통역사)

<2> 대한민국에서 공부란, 소위 '성공한 삶'에 다다를 수 있는 가장 높은 기댓값을 갖는 방법으로 여겨지고 있습니다. 그렇기에 대부분의 학생과 학부모는 치열한 입시의 경쟁에서 좋은 결과를 내고자 부단히도 노력합니다. 그 과정에서 휴식은 사치처럼 느껴지고 공부가 아닌 것들은 무가치한 것들로 여겨지기까지 합니다.

 인생이란 나만의 방향을 가리키는 특별한 나침반과 함께하는 항

해와 같다고 생각합니다. **하지만 우리의 대부분은 끝없는 경쟁의 레이스에 정신을 쏟아붓느라 내 주머니 속에 나침반을 미처 발견하지 못하거나, 달리는 걸 멈추고 나침반을 찬찬히 살펴보는 게 두려워 관성처럼 남들을 따라 경주를 지속하는 것 같습니다.**

『카나리아의 날갯짓』은 세 작가가 각자의 인생에서 자신만의 나침반을 발견하고, 나침반을 따라 자신의 항로를 찾아나가며 세상이 만들어 놓은 새장을 벗어나 성장하는 이야기를 들려주고 있습니다. **그들의 진솔한 이야기를 통해, 아직 자신의 나침반을 돌아보지 못한 청춘들이 용기를 내고 새장을 벗어나 멋진 비행을 시작할 수 있기를 바랍니다.**

_ 이민호 (서울대학교 공학박사)

<3> 제가 수험생이었던 시절, 생각보다 많은 어른들이 저를 보며 '그때가 좋을 때다'라고 말하곤 했습니다. 저 스스로는 그때의 수험 생활이 불안하고 힘들어서 어서 빨리 끝나기만을 누구보다 바라고 있었는데, 제가 원하는 시기에 도달하여 있던 어른들이 그때가 가장 좋은 때라고 말하니 힘이 빠질 수밖에 없었죠.

그때의 저는 그 말이 참 듣기 싫었습니다. 누군가에게는 빛나 보이는 가능성이라는 게, 수험생의 입장에서는 무수히 많은 선택지를 주어 나의 길을 찾기 어렵게 만들고, 본인에 대한 기대 하나하나로 다가와 무엇보다 무거운 짐처럼 느껴질 수도 있는 것입니다.

그런데 대부분의 사람들은 본인도 그 수험생 시절을 지나왔음에도 그때의 입장은 홀랑 잊어버린 채 살아갑니다. 시간이라는 건 참으로 강력한 힘을 가진 것이어서, 그 시절 누구보다 진지했던 고민과 번뇌가 시간이 지나며 차츰 옅어졌기 때문일 것입니다. 수험생이라는 단어와 꽤 멀어진 지금의 저만 하더라도, 이 책을 읽어보기 전까지는 그저 '그땐 그랬지'라며 학창 시절을 추억할 뿐이었습니다.

『카나리아의 날갯짓』은 저를 비롯한 많은 사람들에게 그 시절의 마음을 떠올리게 해주리라 생각합니다. 누군가에게는 애써 덮고 지냈던 아픔일 수 있고, 누군가에게는 까맣게 잊고 있던 소중한 추억일 수도 있을 그 마음을, 이 책과 함께 오롯이 마주하여 보시길 바

랍니다. 그리고 가능하다면, 그 마음을 따뜻하게 보듬어 안아줄 수 있는 시간이 되시길 소망합니다.

_ 임한별 (변호사)

<4> 저무는 해를 보면 부모님이 떠오를 때가 있습니다. 노을이 빚어낸 색감과 분위기가 그분들의 말투, 웃음소리, 얼굴 표정을 닮았기 때문입니다. 포장마차의 어묵 국물이나 구겨져 버려진 종이컵 같은 사소한 것들이 저를 울컥하게 만드는 날이 있다면, 제 안의 어떤 기억이 그것들과 맞닿아 있기 때문일 것입니다.
세 명의 어린 친구들이 써 내려간 학창 시절 이야기에 마음이 움직였던 것도, 그 이야기 속에 어른인 저의 마음과 닮아 있는 무언가가 있었기 때문입니다.

이 책은 단지 힘들었던 학창 시절의 공부에 대한 하소연을 담고 있지 않습니다. 소재는 학업이지만, 그 안에는 우리 모두의 삶과 맞닿은 보편적인 이야기가 담겨 있습니다.
어디로 향하는지 알 수 없는 채 휩쓸려 가는 느낌, 믿었던 것들이 무너지는 순간, 그럼에도 계속 나아가야 하는 현실... 이 책은 바로 그런 혼란 속에서 분투하는 영혼들의 생생한 기록입니다.

처음엔 우리 사회의 뒤틀린 교육제도나 과열된 사교육 풍토를 떠올리며 안타까운 마음으로 읽었습니다. 그러나 평범했던 그 마음은 이내 제 어린 시절과 지금의 저를 비추며, 그들과 저 자신을 한마음으로 응원하는 특별한 마음으로 바뀌었습니다. **세 친구와 우리는 각자의 소용돌이 속에서 중심을 찾아 헤매는 존재라는 점에서 다르지 않았기 때문입니다. 살아온 세월의 길고 짧음을 떠나, 우리는 모두 서로를 위로하며 함께 고민하는 존재일 뿐입니다.**

이 이야기는 단순한 호소로 끝나지 않습니다. 혼란 속에서도 결국 자신만의 중심을 찾아가는 성장의 순간들을 맑고 선명하게 그려냅니다. 그리고 그 과정에서 평범하게 읽기 시작했던 제 마음은 특별한 위로와 치유를 얻었습니다.

『카나리아의 날갯짓』은 청소년과 어른 모두에게 공감과 위로를 선물합니다. 그동안 살펴보지 못했던 마음의 상처들도 부드럽게 어루만져 줍니다. 특히 어른의 시선에서 우리 사회에 대한 반성과 성찰의 계기가 되기도 합니다. 삶이라는 거대한 소용돌이 속에서 자신만의 중심을 찾고자 하는 모든 이에게, 이 책은 애틋한 기록이자 위로와 치유, 그리고 새로운 다짐이 되어줄 것입니다.

_ 김정은 (외교관)

『카나리아의 날갯짓』

초판 1쇄 발행 2025년 4월 15일

지은이 | 조영서, 이지호, 유다인
발행인 | 최호석
발행처 | AETERNI (에테르니)
기획·편집 책임 | 최호석
제작 총괄 | 김민경
마케팅 담당 | 최성민, 윤지원

등록 | 제2018-000042호
전화 | 070-4204-6447
팩스 | 02-3436-6447
이메일 | aeterni.h@gmail.com
홈페이지 | http://www.aeterni.co.kr

Copyright © 2025 AETERNI
ISBN 979-11-964431-5-3 (43800)

이 책은 저작권법에 따라 보호받는 저작물이므로
무단 복제, 전재, 배포를 금합니다.
이 책의 내용 일부 또는 전부를 인용하거나 활용할 경우
사전에 저작권자와 AETERNI의 서면동의를 받아야 합니다.

* 책값은 뒤표지에 있습니다.
* 유한한 삶 속에서 무한한 가치를 찾아,
  진정한 나를 만나는 여정으로 여러분을 초대합니다.